KB113014

리더십의 철학

리더십의 철학

|데이비드 코돈 지음 · 제정관 옮김|

철학과현실사

리더십의 철학

차 례

역자 서문

데이비드 리 코돈(David Lee Cawthon : 1938~2001)은 조직 행동 및 리더십과 관련하여 명강의로 명성이 높았고, 학생들에게 인생 전반에 대해 많은 영향을 준 참 스승이자 리더였으며, 일생을 통해 리더십을 연구하고 실천한 학자였다. 그가 각별한 애정과 정성으로 고대에서부터 현대에 이르는 사상가들의 리더십에 대한 개념들을 정리한 것이 바로 이 책이다.

20세기 후반에 들어 리더십의 철학적 기초를 이해하는 과정에서 철학의 중요한 공헌을 제대로 인식하는 데 실패했다고 보는 것이 일반적 견해다. 우리가 리더십을 제대로 이해하려 한다면, "리더가 무엇을 해야 하는가"가 중요한 것이 아니고, "리더란 무엇인가"라는 명제에 대한 철학적 접근이 더 중요하다. 이 책이 바로 그 해답을 제시해주고 있다.

인간 본성과 그것을 둘러싼 사회의 환경 내지는 성격과 관련하여 "누가 리더가 되어야 하는가" 하는 질문에 대한 대답은 철학자나 사상가들마다 다양하다.

우선 플라톤은 리더라는 것은 인간사의 허상을 넘어서 현실과 이상을 구분할 능력을 갖추고 태어난, 부호화된 영혼을 가진 소수의 엘리트라고 전제하고, 이들이 일반 대중들에게 선과 진리, 아름다움을 지향하도록 이끌어준다고 보았다. 이들은 특별한 재능을 구비해야 하는데, 그 재능은 세습되는 것이 아니므로 잘 연마해야 한다는 것이다.

아리스토텔레스는 인간이 궁극적으로 추구하는 것은 행복인데 리더는 용기와 절제, 지식과 인간애로써 사람들의 바람인 행복과 평등 등을 포함하는 절대선을 추구하며, 이를 위한 왕도는 바로 황금 균형인 '중용'에 있다고 강조한다. 인간의 본성과 불평등에 맞부딪친 그는 특정인의 타고난 우월성을 주장하며, "무엇이 어떤 사람에게 타인들이 복종하도록 하는 권리를 주었는가"라는 현존 불평등에 대한 평등을 탐색하고 있다. 또한 리더가 된다는 것이 무엇을 의미하는지에 대해 가장 큰 영향을 미친 사람 중 하나다.

아우구스티누스는 신의 세계가 아닌 인간 세계에는 반드시 덕 있는 사람만이 리더가 된다고 보지 않고, 우리 인간에게 타락한 본성의 측면, 즉 선과 악을 동시에 고려해야 하므로 통치자에 대한 복종이 사회의 조화를 이루며 욕망의 노예보다 인간의 노예가 되는 것이 더 행복하다고 강조한다.

성 토마스 아퀴나스는, 리더란 다른 사람보다 더 큰 덕을 베풀 수 있는 능력의 소유자며, 추종자들과는 본질적으로 다른 높은 수준의 선과 최고의 권위를 가져야 한다고 주장했다. 이들이 행하는 독재조차도 혁명과 분열보다 나으며, 악하고 덕이 없는 리더가 출현할 경우 이는 신이 내린 벌로 보아야 한다고 하였다. 리더십 개념 차원에서 볼 때 그는 수세기 동안 세속적이고 종교적인 리더들에게 많은 영향을 주었고, 존재의 계층 구조와 인간의 자아 인식을 조명하는 데 주력했다. 그는 또한 사람이라는 존재가 신앙에 단순히 복종하는 것 이상의 존재라는 상대적 믿음을 강조하고 서구 사상의 진로를 바꾸게 되는 개인주의 사상에 불을 붙였다. 스콜라 철학자들과 성 토마스 아퀴나스 때문에, 교리라는 족쇄에서 느슨해져 인간의 지성과 이성이 암흑 시대의 억압적인 굴레에서 벗어날 수 있게 된 것이다.

토마스 홉스는 인간이 아무리 강하고 지적이라 할지라도 두 사람이 같은 것을 원할 때는 그들은 적이 되며, 이로 인해 자신의 권리를 포기하거나 양도하는 선택을 하게 된다고 보았다. 이 투쟁 속에서 자신을 지키기 위해 각 개인의 자유권을 양도받게 될 더 능력 있고 강한 사람에게 복종해야 하는데 이것이 바로 리더십의 기초가 된다고 하였다. 홉스의 자연법에 대한 이해와 개인의 권리, 사회 계약에 대한 사고는 도전을 받지만, 리더십의 양자 관계에 대한 이해를 다듬는 데 큰 기여를 하였고, 유럽 전역에 걸쳐 기존 권위에 대한 도전을 제기했을 뿐만 아니라 미국 혁명의 불꽃이 피어나도록 하였다.

자연의 법칙을 아는 것은 신의 법칙을 아는 것이다. 홉스가 인간의 두려운 감정이 사회 질서를 유지한다는 관점이었다면, 존 로크는 이성이 인간 자신과 인류를 위해 생명과 자유, 소유물을 지키게 한다고 가르쳤다. 그 결과 다스리는 것을 승인받은 공직자의 리더십을 바탕으로 하여 사회는 그 법을 이행할 충분한 힘과 권위를 갖는다. 이 승인 또는 위탁이 제대로 안 되면 사람들은 리더를 교체할 권리와 권위를 되찾게 될 것이다. 로크에게 리더란 실재하지 않으며 오로지 위탁자만 있을 뿐이다. 모든 인간은 재산이나 직위에 관계없이 그들의 창조주로부

터 자유를 부여받았으며 누구도 그 권리를 빼앗을 수 없다. 미
국인들이 리더십을 이해하는 데에 로크의 가르침은 지대했으
며 그들의 국가 독립에 주요한 철학적 기초가 되었다. 서구인
들의 마음을 바꾼 개인주의도 바로 로크의 정신에 바탕을 두고
있으며, 이 정신은 엘리트주의와 특권 의식에 도전하는 새로운
형태의 리더십을 불러일으켰다.

　루소는 로크와 홉스 등이 견지했던 이성주의보다는 플라톤
등이 지향했던 낭만주의에 그 근원을 두었다. 이성주의자들이
질서와 자연의 법칙에 철학적 기반을 두었다면, 루소는 사회적
질서를 사람들과의 동의에 의해 이루어진 ‘계약’이라고 주장하
였다. 그는 이 개념에서 지도자가 공직자가 되고, 이들이 영감
과 지혜로 신적인 권위에 기반을 두어 사회를 이끌어야 한다고
보았다. 그는 또한 이 지도자들의 판단을 신성으로 절대시해야
한다고 보고 플라톤의 ‘철인왕’을 유사한 모델로 제시했다. 다
만 플라톤은 이러한 계급 제도가 자연 법칙의 일부로서 존재한
다고 주장한 반면, 루소는 본질적인 평등함에서 시작되는 것으
로 본 점이 차이점이라 할 수 있다.

　헤겔은 모든 현실의 보편적인 정신은 정-반-합의 변증법적
과정을 거치면서 발전하는데, 진정 자유롭고 이상적인 절대 정
신은 국가적 차원에서 최고조에 이르게 된다고 보았다. 여기서
그는 국가란 개인을 위해 존재하는 것이 아니고 개인이 국가를
위해 존재한다고 강조함으로써 민주주의 개념을 인정하지 않
았으며, 국가를 한 방향으로 집중시키고 구성원 간의 단결을
용이하게 하기 위해 입헌군주제를 통하여 군주가 리더가 되어
다스려야 한다고 강조했다. 플라톤과 마찬가지로 헤겔 또한

"리더는 만들어지는 것이 아니라 타고나는 것이다"라는 고대 그리스인들의 주장을 따르면서 이를 한 단계 발전시켜 개개인의 능력에 입각한 뛰어난 리더십이 가능하다고 보았고, 더불어 기회를 제공하는 역사의 수렴성 또한 인정했다.

헤겔의 변증법에 지대한 영향을 받은 마르크스는 역사가 현실의 근원을 이루는 힘이라는 헤겔의 주장에 동의했지만, 그 힘의 근원은 일반 대중의 운동과 경제적인 힘이 모든 변화의 기본적 원천이라고 주장한다. 또한 정-반-합의 유물론적 진화를 통해 인류 역사의 마지막 '합'은 '계급 없는 사회'로 귀결된다고 보고 인간은 이 단계에서 비로소 완전한 자유를 얻게 된다고 보았다. 이러한 철학적 배경 아래에서 마르크스는 완벽한 사회의 비전은 그 어떤 인간도 다른 인간에게 종속되지 않는 것이므로 국가의 존재뿐만 아니라 리더의 존재 자체를 인정하지 않으려고 했다. 다만 그러한 완성된 상태에 도달하기 전까지는 리더십의 필요성을 인정하였다.

니체는 민주주의적 평등주의에 근거한 리더십 논리에 정면으로 반대하면서 기존에 존재했던 인간의 위치를 설명하는 모든 원칙들은 물론 이를 인정하는 모든 철학들도 부정하면서 오직 인간만이 홀로 존재할 뿐이라고 주장했다. 그는 자연 속에 존재하는 적자생존의 원칙이 모든 인간에게 동일하게 적용되며, 이를 바탕으로 서양 문화의 감상주의에서 벗어나서 강한 자의 우월감과 약한 자의 열등감을 기초로 한 철학을 전개하였다. 그 중심에는 세상의 근원적인 원칙, 즉 권력에 이르는 의지가 존재하며 이러한 권력 의지를 토대로 자신의 우월함을 바탕으로 본질적으로 불평등한 계급 사회에서 약자 위에 군림하는 초인이 나타나게 되며, 이들이 결국 리더의 위치에 서게 된다고 주장했다. 그는 강한 리더를 만들기 위해 우생학적으로 강한 자를 위한 유전자 선택의 중요함을 주장했으며, 선천적 특성에 초점을 맞춤과 동시에 한편으로 엄격한 규율과 육체의 고통을 침묵 속에서 이겨내고 명령에 복종하는 의지를 배우는 후천적 훈련의 중요성도 강조했다. 불평등한 카스트 제도의 계급 구조 속에서 권력을 향한 강한 의지를 가진 자들이 군중을 이끄는 것은 자명한 이치며, 이는 타인의 복종을 요구하는 재능을 가진 소수 엘리트의 타고난 권리라고 역설했다.

역자는 다년간 국방대학교에서 리더십 관련 강의를 하면서, 리더십의 일반적 이론과 원칙 그리고 응용을 다룬 책자들은 수없이 많았으나 리더십을 사상적 측면에서 본원적으로 다룬 책자를 접할 수 없었다. 그런데 이러한 아쉬움은 코돈의 저서인 『리더십의 철학』을 읽게 되면서 확연히 사라지게 되었다.

이 책을 발견하고, 번역하고, 편집하는 과정에서 많은 도움을 준 국방대학교 안보문제연구소 박균열 박사에게 감사한다. 또한 미국 해군대학원에서 바쁜 학과 일정에도 불구하고 내용을 검토해준 김기환 대위에게도 감사한다. 끝으로 물심양면으로 본서가 발간되도록 힘써주신 <철학과현실사> 사장님께 사의를 표한다.

2006년 2월

국방대학교에서 제 정 관

서 문

블루 클라크(Blue Clark)

이 책은 고대로부터 현대까지 사상가들의 리더십에 관한 언급을 중심으로 다루고 있다. 하지만 이 책을 독자들에게 소개하기 전에 서문에서 이미 작고한 저자에 대해 소개하는 것이 바람직하다고 본다.

이 책의 저자인 데이비드 리 코돈(David Lee Cawthon : 1938~2001)은 위대한 사상가들이 리더십에 대해 어떠한 접근을 했는지에 대해 잘 정리했다.『성 십자가(St. Croix Review)』의 발행자인 앵거스 맥도날드(Angus MacDonald)에게 처음 인쇄했던 총서의 중요성에 대한 그의 통찰력을 이해하고 좋은 출판사를 소개해준 데 대하여 고마움을 표하고자 한다.

논제에 대한 코돈의 노력은 그의 평생을 통해 계속되었다. 하지만 대작을 만들게 된 계기는 다른 저작에서부터 비롯되었다. 많은 교사들처럼, 정원사들이 화초의 목록을 검토하는 것과 같은 방식으로 나는 책의 리스트를 읽었다. 어느 날 제임스 오툴(James O'Toole)의『경영자의 한계(The Executive Compass)』라는 책이 내 눈에 띄었다. 이 책은 나에게도 매우 흥미로웠고, 이것이

이 책의 저자 데이브에게도 흥미로운 제목이라는 것을 직감할 수 있었다. 데이브는 오툴의 『가치의 한계(*Value Compass*)』에 대한 윤리적인 토론에 관심이 있었다. 나는 그 책을 구입했다. 그리고 내가 처음 짐작했던 것을 확인하기 위해 책의 처음부터 끝까지를 통독한 후, 데이브에게 줄 메모를 남겼다. 얼마간의 시간이 경과된 후 그는 나의 메시지에 아주 큰 관심을 표명하면서 연락을 해왔다. 자신도 그러한 저작을 집필해보겠다는 구상을 하기 시작했다는 것이었다. 이후 데이브는 여름철에 개최된 아스펜연구소에서의 토론에 참가하였다. 그곳에서의 몇 년 동안 오툴은 연구소의 세미나를 관장하는 일을 맡은 적이 있다. 여기서의 다양한 논의는 데이브의 사고를 자극하였고 특히 리더십에 대한 연구를 촉발시켰다. 또한 데이브는 나와의 열띤 논쟁을 통해 자신의 저술 활동을 더욱 풍요롭게 했을 것이다.

그런 동안 데이브는 자신의 저술 활동에 점점 더 몰입하기 시작했다. 이 기간에 다른 분야에 대해 사고하고 글쓰는 시간이 없었으며, 심지어 골프 칠 시간조차도 없을 정도였다. 데이브는 캠퍼스에서 펼쳐지는 리더십에 대한 다양한 서비스를 제공받게 되었다. 그는 학장이자 부총장직에 있었지만, 교수들과 이사회 임원 그리고 학생들 간의 불화를 무마하기 위해서 다양한 활동을 했다. 1997년에 그는 오클라호마시립대(Oklahoma City University)의 임시 총장이 되었다. 이때가 그의 능력에 대한 최대 시련기였다. 그는 다양한 위험에도 불구하고 대학의 위상을 지키려고 노력했다. 이 어려운 시기에 그와 동고동락한 결과 나는 그를 아주 존경하게 되었다. 그는 유능한 지도자가 구비할 모든 자질을 보여주었다. 게다가 그는 마음의 평정을 유지하며 지도력을 발휘했다. 그리고 그의 다른 한쪽 눈은 행위가 인간 영혼에 어떠한 영향을 미치는지에 대한 종교적이면서도 장기적인 결과에 지속적인 관심을 가졌다.

데이비드 코돈은 그의 삶과 사고에 종교적인 의미를 두었다. 그는 마인더스 경영대학원(the Meinders Business School)의 학장직을 역임한 바 있다. 외국에서의 다양한 교수직 경험을 가지고 있었다. 그의 강의는 조직 행동과 리더십에 초점이 맞추어져 있었다. 그의 수업은 학생들에게 많은 삶의 변화를 가져다주었고 미래를 위한 좋은 충고가 되었다. 그는 캠퍼스에서 명강의로 잘 알려진 훌륭한 교수 중의 한 사람이었다. 그는 그의 인생 여정과 같이 종교에 바탕을 두고 교실에서의 수업을 진행하였다.

종교적인 헌신과 리더십에 대한 관심의 조화가 그로 하여금 과거의 위대한 사상가들이 이 문제를 어떻게 접근했는지를 탐구하도록 한 것으로 보인다. 실제로 데이브는 『성 십자가』에 실린 일련의 글에서 아리스토텔레스, 루소, 헤겔, 마르크스 그리고 아퀴나스와 같은 위대한 성직자들에 대해 언급한 바 있다. 그들은 무엇이 성공적인 리더를 만드는가의 문제에 매우 깊은 고민을 하고 있었다. 그는 인생 말기에 폐암의 고통을 겪게 되었다. 그는 폐암에 대해서는 성공적으로 치유를 했지만 갑작스런 출혈성 심장마비로 서거했다. 그의 지속적인 믿음은 우리 모두에게 귀감으로 남아 있다.

그가 가족, 교회, 친구 그리고 학생과 같은 단어에 가졌던 관심은 좋은 유산으로 남아 있다. 그가 남긴 유작 가운데는 이 책을 편집하는 데 필요한 일련의 논문을 남긴 바 있다. 이 책은 데이브 코돈이 생전에 리더십에 관해 얼마나 많은 관심을 가졌는지를 보여주는 중요한 증거가 된다. 그는 리더십의 특정 측면을 다루고 있는 최근의 뉴스 논제에 대해 능수 능란하게 잘 대응하곤 했다. 여기서 그는 리더를 만드는 자질을 어떻게 하면 제고할 것인지에 대해 논평을 조정해나갔다.

삶과 일 모든 측면에서 관심이 증가하는 주제는 종교이기 때문에 데이브의 책은 운이 좋은 시기에 나왔다. 각종 비평, 미디어 프로그램 편성, 그리고 인쇄된 작품은 사회에서 종교적인 문제에 역점을 두면서 이 문제를 재평가할 것이다. 데이비드 코돈이 자주 언급한 것처럼, 리더십은 결코 유행에 뒤떨어진 논제가 아니다. 무엇이 리더십과 리더를 구성하는가 하는 질문은 어느 국가에서든 계속 존재한다. 리더의 특이한 성품에 대해 우리 모두는 그들에게 박수 갈채를 보내거나 비판을 하기도 한다.

이 책은 코돈의 리더십에 관한 사상에 대한 탐구를 목적으로 한다. 이 책이 독자들로부터 유사한 반응을 불러일으킨다면, 저자 코돈이 목표한 바를 가장 잘 간파하는 일일 것이다. 이 책을 통해서 독자는 데이브가 한 인간이자 선생으로서 얼마나 매력적이고 강한 흥미를 가졌는지 발견하게 될 것이다. 리더십의 본질에 대한 그의 질문은 오늘날에도 의미가 있으며, 아마 미래에도 여전히 의미가 있을 것이다.

제1장
플라톤 : 영혼의 리더십

> "인간은 똑같이 태어나지 않았다. …
> 인간에게는 서로 다른 본질적인 차이가 있다."
> ― 플라톤(Plato)

　몇 년 전, 금세기 가장 선구적인 리더십을 연구하는 학자 중 한 분이 우리 사회에서 지도자가 등장하는 것을 막는 무의식적인 음모가 있다고 주장했다. 베니스(Warren Bennis)는 『리더들이 왜 리드할 줄 모르는가?(*Why Leaders Can't Lead?*)』라는 그의 저서에서 "주변 여건이 지도자들로 하여금 방해를 놓는다"고 설명하면서, "미국 사람들은 그럴 의도도 없으면서도 그렇게 하고 있다"고 부연했다.[1] 베니스는 리더십을 효과적으로 발휘하는 데 일련의 장애 요소들을 지적했다. 이 중 주목할 만한 것은 있는 그대로의 상태에 대한 집중, 자신만의 권리에 대한 집착, 자기 중심적 이기주의, 이웃과 협력하지 않으려고

---

1) Warren Bennis, *Why Leaders Can't Lead* (San Francisco, CA : Jossey-Bass Publishers, 1989), xi.

하는 태도, 그리고 비협조적 감정 등이다. 베니스는 "보통의 사람들은 표류할 수는 있지만 꿈을 꿀 수는 없다. 꿈이 없는 보통 사람들은 지도자가 비전을 제시해도 잘 고무되지 않았다"고 말했다.[2]

베니스의 지적은 타당성이 있다고 본다. 많은 지도자들은 우리 사회에서 그런 무의식적인 음모가 없다면 훨씬 더 효과적으로 지도할 수 있다고 주장할 것이다. 반대로 우리가 리더십의 복잡성을 이해하려고 노력하면서 우리의 방법론들을 검토하려고 한다면, 그 절차는 다소 제한될 것이다. 오늘날에도 이 주제에 관한 대부분의 토론에서 확인할 수 있듯이, 베니스의 분석은 지도자가 직면하게 될 장애물들에 대해 비교적 정확히 기술하고 있을지라도, 리더십 자체에 대한 철학적 접근은 하지 않고 있다. 그의 분석은 상황에 초점을 두고 있다. 그 결과 인간의 본질과 지도자의 특별한 재능을 다루지는 않았다. 결국 지도자들이 지도할 수 없는 중요한 이유에 대해 고려하지 않고 있는 것이다. 키르크패트릭(Shelly Kirkpatrick)과 로크(Edwin Locke) 연구원이 관찰했던 것처럼, 지도자들에게는 타인을 리드하기에 적절한 소질이 없었다.[3] 하지만 이런 진단은 근본적으로 현대적인 것이 아니다. 이러한 진술은 플라톤의 가르침에 기원을 두고 있다. 즉, 리더들은 리드하기 위해 태어나지 않았기 때문

---

2) Ibid., xⅲ.
3) Shelly A. Kirkpatrick and Edwin A. Locke, "Leadership : Do Traits Matter?" *Academy of Management Executive*, 5(1991), p.58.

에 리드할 수 없다고 하는 주장은 플라톤의 영향을 받은 것이다. 리더십은 리더가 가진 영혼의 부호(code of soul) 안에 내재된 것이 아니다.

진정으로 플라톤을 통한 리더십에 대한 우리의 이해는 아주 재미있게 될 것이다. 왜냐하면 우리의 접근은 질문에 대해 의미 있는 해답을 필요로 하는 그런 철학적인 문제를 제기하지 않기 때문이다. 우리의 접근은 인간 본성에 대해서 검토하지 않는다. 플라톤은 다음과 같은 질문을 제기한다. 즉, 누가 리드를 해야 하는가? 무엇이 타인에게 복종을 강요할 권리를 사람에게 부여하는가? 플라톤은 우리가 이 질문에 답변할 때까지 리더십의 본질을 이해하려는 우리의 노력이 성공하지 못할 것이라고 생각했을 것이다. 플라톤은 그와 같은 의문을 진지하게 제기하였다. 하지만 인간의 본질에 관한 플라톤의 철학적인 이해와 인간적인 것이 무엇을 의미하는지를 이해하지 못한다면, 우리는 플라톤의 답변을 올바로 인식할 수 없다.

철학적으로 플라톤은 이상주의자였다. 감각을 통한 우리의 인식은 단지 그림자, 즉 이데아적인 것(the ideal)에 대한 한정된 모방일 뿐이지 이데아적인 것 자체는 아니라고 가르쳤다. 이에 대해 프로스트(S. E. Prost, Jr.) 교수는 다음과 같이 설명한다.

플라톤에게, 우리가 보고 느끼고 그리고 우리의 다른 감각을 통해서 경험하는 세계는 실제적인 것이 아니라 모방된 세계다. 모방된 세계 속에서 우리는 사물들이 변하고, 오고 가며 그리고 아주 풍족함을 발견한다. 그것은 착각, 기형, 선하지 않은 세계다. 그것은 존재하며 우리는 매일 그것을 경험한다. 그러나 그것은 실제가 아니다.

우리가 경험하지 못하는 모든 것의 실제 실물이 발견되는 세계가 있는데, 플라톤은 이 세계를 이데아의 세계라고 불렀다. 여기에서 우리는 모든 나무의 이데아, 모든 집들의 이데아, 그리고 이 세상 모든 사물들의 이데아들을 발견할 수 있다. 이데아들은 완벽하고, 어떤 방식으로든 변하지 않으며, 결코 사라지거나 죽는 것이 아니라 영원히 존재한다. (중략)

이데아 혹은 형상은 결코 새롭게 창조되는 것이 아니며 처음부터 항상 미래에도 존재할 정도로 완벽한 상태로 존재하고 있다. 그들은 모든 것으로부터 독립적이며 우리의 감각을 통해 우리가 경험하는 세계에서 일어나는 변화에 의해 영향을 받지 않는다.[4]

플라톤에게 이데아는 영원한 것이다. 왜냐하면 그것은 신적인 것이기 때문이다. 그리고 이데아적인 것은 육체에 의해 갇혀 있는 우리 각자 속에 존재한다. 인간의 본질은 그러한 것이며 우리 안에 존재하는 이런 초월적인 이데아에 스스로를 노출시키는 것이 인간의 임무다. 자연적인 것과 초자연적인 것 사이, 육체적인 것과 형이상학적인 것 사이를 통일하는 것이 우리 인간의 임무다.

불행하게도 플라톤의 말에 의하면, 단지 몇 사람만이 현실적

4) S. E. Frost, Jr., *Teachings of the Great Philosophers* (NY : Doubleday Anchor Books, 1962), p.10.

인 것과 이데아적인 것을 구별하는, 즉 그림자를 넘어서 볼 수 있는 내재된 능력을 가지고 있다. 대부분의 인간은 이러한 능력을 갖고 있지 못하다. 우리는 이데아적인 것에 대해 알지 못한다. 인간은 세계에서 불완전의 차폐로 인해 인식의 제한을 받는다. 그래서 우리는 감금된 상태에서 우리를 해방시켜줄 타인의 도움이 필요한 것이다. 인간은 스스로 진, 선, 미의 세계로 나아갈 수 없다. 그 길로 인도할 수 있는 사람은 오직 리더만이 가능하다. 리더들은 인간의 보호자들이다. 그들이 바로 인간을 위한 철인왕(philosophical kings)인 것이다. 『서구 정신의 열정 (*The Passion of Western Mind*)』에서 리처드 토러스(Richard Taurus)는 이런 속박의 예를 보여주기 위해서 플라톤의 '동굴의 비유'를 다음과 같이 요약하고 있다.

　　인간은 어두운 지하 동굴의 벽에 쇠사슬로 묶여 있는 죄수들과 같다. 거기에서 인간은 그들 뒤 먼 거리에 더 높이 있는 불빛을 보기 위해서 결코 뒤로 돌아설 수 없다. 동굴 외부의 사물들이 불 앞을 지나갈 때, 죄수들은 단순히 그림자가 벽에 만들어지는 것을 실제적인 것으로 착각한다. 쇠사슬로부터 해방되어서 그 너머에 있는 세계에 들어가기 위해서 동굴을 떠난 단 한 사람이 처음 빛에 노출되었을 때 빛의 실제적인 특징을 인식할 수 없을 정도로 눈부신 광채로 인해 정확히 볼 수는 없을지라도 실제의 현실을 어렴풋이 볼 수 있다. 하지만 일단 그가 빛에 익숙해지고 사물의 실제 원인을 인식하게 되었을 때, 그가 이해하는 바는 보통 평범한 인간들에게 귀중한 지침이 될 것이다.[5]

플라톤의 가르침에 의하면, 의문의 여지없이 동굴의 그림자로부터 자유로워진 사람들, 즉 지도자들은 어둠 속에 남아 있는 사람들과는 본래부터 다르며, 우리 각자가 동일한 본질, 즉 인간다움(humanness)을 공유하고 있을지라도 우리의 개별 영혼(souls)은 동일하지 않다.

첫째, 인간은 '육체적인 충동의 영역'으로 코드화된 영혼을 가지고 있다. 육체적인 욕망에 의해서 충동을 받기 때문에, 인간의 삶은 신체적인 즐거움에 근거하고 있다. 이들은 열정과 사치를 추구한다. 그리고 부와 하찮은 것을 축적하는 것을 성공의 척도로 삼는다. 우리 가운데 좀더 고상한 '정신적인 영역'의 영혼은 전사들이다. 그들은 전장과 관계없이 승리를 얻으려고 하면서 힘을 추구한다. 마지막으로 가장 고상한 '이성적인 영혼'을 가진 사람들은 지식을 습득하는 것으로부터 행복을 얻는다. 이들은 욕정이나 육체적 즐거움의 희생자들이 아니다. 이들은 선을 통해 자신의 이익을 추구하는 사람들과 스스로를 구별한다. 왜냐하면 이들은 단지 지혜와 이해를 추구하기 때문이다. 이성적 영혼을 가진 사람들은 영원한 것과의 합일을 추구하기 때문에 물질적인 이익이나 권력을 가지고 있지 않을지라도 방해받지 않는 정신적인 삶을 산다. 그래서 우리의 개별적인 영혼의 부호들이란 이런 것이다. 신은 우리 각자에게 서로 다른 재능과 능력을 준다. 플라톤에 의하면, "어떤 두 사람도

---

5) Richard Taurus, *The Passion of the Western Mind* (NY : Ballantine Books, 1991), pp.41-42.

정확하게 똑같이 태어나지 않으며, 각기 자신의 성품에 부합되는 다른 직업을 천부적으로 갖게 된다."6)

　이런 전제로부터 플라톤은 리더들의 타고난 역할뿐만 아니라 조직의 본질에 대한 자신의 이해를 도출하였다. 이상적인 사회는 시민들의 천성을 반영해야만 한다고 설명한다. 이것은 동일체이지만 세 가지의 요소로 구성되어 있다. 육체적인 요소는 장인(匠人)과 기능공에 해당되며, 삶에서 물질적인 보수와 즐거움을 추구하고, 이성보다는 열정에 의해 삶이 움직이는 사람들에 해당된다. 정신적인 요소는 우리 사회의 방어자인 군인과 전사들에 해당되며, 신체적으로 강건하여 적과 대항하여 용감하게 우리를 보호하는 사람들의 속성이다. 이성적인 요소는 이해와 지식에 열중하는 사람들에 해당되며, 더 높은 선에 대한 비전을 가지고, 허상(그림자)과 본체(빛)를 구별할 수 있는 사람들의 속성이다. 이 이성적 요소를 구비한 사람들은 우리 사회를 보호하는 사람들이라고 플라톤은 말하고 있다. 이들이 우리의 철인왕이다. 이들은 우리 집단의 경영자, 정치적 리더, 종교 지도자, 군대의 장군이다. 리더십은 바로 이들이 구비해야 할 덕목인 것이다. 이것은 그들 영혼의 부호에 깊이 각인되어 있다.

　동시에 플라톤은 우리 사회의 필요와 가장 부합되는 방식으로 각자에게 재능을 적절히 부여했다고 가르치고 있다. 우리

---

6) Plato, *The Republic of Plato*, trans., F. M. Cornford (NY : Oxford University Press, 1945), p.56.

사회는 음악가, 구두 제작자, 장인, 의사들을 필요로 한다. 결과
적으로 우리 각자는 개별적인 영혼의 부호라는 의미에서 우리
가 어떤 존재인지를 이해해야만 한다. 예를 들어 우리가 기술
자의 영혼을 부여받았다고 한다면, 우리는 가능한 최대한으로
기술자의 재능을 개발해야만 한다. 간단히 말해서, 플라톤의 이
러한 사상은 20세기 철학자 조셉 캠프벨(Joseph Campbell)이
밝힌 데서도 잘 드러나고 있다. 삶의 의미와 행복을 발견하기
위해서는 우리 각자에게 부여된 각 개인의 축복을 발견해야만
한다. 그와 달리 살아간다면 우리는 불행을 맞게 될 것이다. 더
중요한 것은 자신의 재능과 다르게 살아간다면, 우리가 살고
있는 사회는 균형을 잃게 될 것이며 빈곤을 면하지 못하게 될
것이다.

　하지만 현대 미국 교육에서 이루어지고 있는 행태와는 달리,
플라톤의 『국가론(*The Republic*)』에 등장하는 젊은이들은 자
신의 독특한 능력을 발견하기 위해서 스스로를 자신의 생각대
로 방치해둘 수 없었다. 이를 위한 전적인 책임은 그들의 부모
들에게 있지 않고 궁극적으로 철인왕들에게 주어졌다. 모든 아
이들은 성인이 될 때까지 국가의 보호에 의해서 양육과 교육을
받았다. 오랜 교육과 평가를 통해서 아이들의 영혼의 부호가
무엇인지 확인된다. 일단 확인되면 각자는 자신의 개인적 재능
에 가장 적합한 직업을 지정받게 된다. 동일한 방식으로 각자
는 남은 생애 동안 자신의 독특한 능력을 발전시키게 된다.

　플라톤은 우리 중 단지 몇 명만 리더십의 재능을 부여받았고

그런 재능에 대한 책임은 필연적이라고 확신했다. 우리가 보통 평범하게 생각하는 기준에 의하면 이는 매우 두려운 일이다. 리더십의 재능을 갖추어야 되는 것으로 부호화된 사람들은 일차적으로 철학, 수학, 음악 등의 과목에 대한 철저한 교육을 받게 되며 동시에 정신 상태에 대한 전반적인 훈련을 집중적으로 받게 된다. 이들은 자기 자신뿐만 아니라 사회 전체의 성원들을 위해 공공선을 추구하는 데 뛰어난 역량을 발휘하도록 요청받게 된다. 이들의 교육에서 가장 핵심적인 것은 덕과 이타심이다. 당시 플라톤은 의사를 바라보는 것처럼 리더들을 보았다. 교육 과정에서 의사들은 자신에게 도움이 되는 이익을 추구하도록 훈련받지 않는다. 그들은 물질적인 이익에 관심이 없으며, 환자들을 위해서만 행동하도록 교육을 받았다.

그래서 플라톤은 리더들이 그들을 따르는 사람들에게 비전과 지식을 제공해야 한다고 가르친다. 리더들은 자신의 이익을 추구해서는 안 되며, 육체적인 즐거움에 충동을 받아서도 안 되고, 물질적인 부에 눈이 멀어서도 안 된다. 대신, 그들은 덕성을 구비해야만 하고 지혜와 이해심을 가져야 한다. 또한 리더는 항상 이미 제시된 신적 질서 속에서 다른 사람들을 위해서 행동해야만 한다. 플라톤은 리더에 대해 부연하기를, "그들은 옳은 지성과 능력을 가져야만 한다. 그들은 자신에게 특별히 부여된 관심으로 공동 이익을 생각해야만 한다. 또한 어떤 것에 대해 느끼는 관심은 그것이 선한 것이든 악한 것이든 관계없이, 이익과 부가 자신의 것과 동일한 것으로 아주 각별한 것이어야 한다"7)고 적고 있다.

리더의 권리와 관련된 플라톤의 가르침은 태생적 운명에 기초하지 않는다는 점이다. 이런 의미에서 왕권신수설(the Divine Right of Kings)은 플라톤을 압도하지 못했다. 왜냐하면 플라톤에게 리더십은 유전적인 것이 아니기 때문이다. 예를 들어 플라톤은 사람들 사이의 차이를 인정하지만, 지도자의 자손들이 계속해서 통치해야 하고 노동자들의 자손들은 계속해서 노동자가 되어야 한다고 주장하지는 않았다. 지도자는 모든 사람의 영혼을 점검해야만 한다고 믿고 있다. 이와 관련하여 플라톤은 다음과 같이 설명한다.

여러분을 만드신 신은 통치하기에 적합한 사람들에게 금을 섞었다. 그래서 그들은 가장 귀한 자질을 갖게 된 것이다. 그리고 신은 그 다음 중요한 사람들에게는 은을 넣었고, 농부와 장인들 속에는 철과 놋쇠를 넣었다. 지금 여러분들이 모두 한 조상을 가지고 있기 때문에, 여러분의 자녀들은 일반적으로 그들의 부모와 동일할지라도 때로는 황금 품성의 부모가 은 품성의 자식을 가지거나 은 품성을 가진 부모가 황금 자식을 가질지도 모른다. 그리고 계속해서 다른 경우도 생각해볼 수 있다. 하늘이 통치자에게 부여한 중요한 명령은 그 자식들의 영혼 속에 그 부모의 영혼에 부합되게 처음부터 특정한 금속을 지정하지는 않는다는 것이다. 그들 자신의 아이가 철이나 놋쇠 합금으로 태어났다면, 연민의 정을 느낄 필요도 없이 아이의 본성에 적합한

---

7) Ibid., p.104.

신분을 부과하고 그들을 장인이나 농부가 되도록 해야만 한다. 반대로 이들이 금이나 은을 가진 아이로 태어났다면 그 특성에 따라서 지도자나 그 다음 계급이 부과될 수 있도록 하면 될 것이다. 만약 그렇지 않고 특정한 사람들에게 철이나 놋쇠의 품성을 계속 유지하게 할 경우, 그들은 그 국가를 파멸에 이르게 할지도 모른다.[8]

플라톤은 광신적 애국주의자는 아니었다. 그는 여성이 신체적으로 남성보다 더 약하다는 것을 인정했을지라도, 모든 직업이 남성과 여성 양쪽 모두에게 개방되어야 한다고 주장하고 있다.[9] 사람의 영혼이 금, 은, 철 혹은 놋쇠로 구성되어 있는지는 중요한 것이 아니다. 신은 성적 차이에 근거하여 차별하지는 않는다. 하지만 중요한 것은 각기 영혼의 차이에 따라 부여된 과업 또는 임무다. 플라톤에 의하면, 철이나 놋쇠의 영혼을 가진 사람에게 리더십의 역할을 할당한 조직이나 국가는 파멸할 수도 있다.

요약하자면 리더십에 대해 플라톤은 특별한 재능을 요구하고 그런 재능을 지닌 소수만이 적합하게 활용하기 위해 교육을 받아야만 한다고 주장한다. 이런 재능을 혹독하게 개발했기 때문에 철인왕은 통치자가 될 수 있다. 통치는 곧 그들의 권리일 뿐만 아니라 의무다. 이와 같은 방식으로 육체적이고 정신적인 기능을 하도록 정해진 영혼을 가진 사람들은 신이 그들에게 부과된 재능을 개발시켜야만 한다. 불협화음은 각 개인들이 그들의

---

8) Ibid., pp.106-107.
9) Ibid., p.153.

독특한 능력을 개발하고 적용하는 것에 실패할 경우에 발생한다. 왜냐하면 그의 부호를 부인하고 부호화되어 있지 않은 길을 추구한다는 것은 사회의 균형에 대항하는 불의를 범하는 것이기 때문이다. 이것은 그 사회의 완전성을 가로막는 것이다.[10]

플라톤의 이와 같은 인간과 사회의 본성에 관한 가르침에 근거하여, 우리는 리더십과 관련된 그의 평가를 얻어낼 수 있다. '누가 통치해야만 하는가'라는 주제에 대한 해답은 플라톤에게 간단하다. 그것은 곧 통치자가 되도록 부호화된 영혼을 가진 사람들이다. 플라톤에 의하면 종교적 리더들은 흔히 그들의 리더십의 역할을 신의 의지에 원인을 귀착시키고 있기 때문에, 그 역할은 신에 의해 결정된다고 주장했다. 리더들의 영혼은 정의를 추구하고, 빛과 그림자를 구분해낼 수 있고, 조직 안에서 공공선을 위해 이타적으로 행동한다. 그들은 단지 '당연히 리드해야만(should)' 하는 것이 아니라, 그들은 '반드시 리드해야만(must)' 한다. 그렇게 하는 것이 그들의 운명이다. 그리고 리드하도록 부호화되어 있지 않은 영혼의 사람들이 리더십의 직위를 가지도록 허용된다면, 그 조직 또는 국가는 파괴와 부패로 멸망하게 될 것이다.

그래서 플라톤은 리더들이 리드하는 것을 막는 외부적인 복잡한 것들에 관여하기보다, 사람들의 영혼의 부호라는 의미에서 리더십의 의미를 연구했다. 그는 리더십의 외적인 특질에

---

10) Ibid., p.141.

집중하는 것보다, 역사를 통해 인간을 괴롭혀온 오래된 질문과
씨름하려고 노력했다. 즉, "인간은 무엇인가", "누가 리드해야
만 하는가", "왜 누군가가 리드해야만 하는가" 등의 주제가 그
것이다. 흔히 스티븐 코비(Steven Covey)가 사용한 표현에 의
하면, 플라톤은 리더십의 본질을 안에서 바깥을 보고 있다. 플
라톤은 리더들의 행위 자체를 분석하지 않는다. 그는 리더들의
영혼을 이해하려고 노력한다. 그는 "당신은 누구인가" 또는 "나
는 왜 당신을 추종해야만 하는가"와 같은 질문을 하곤 했다. 외
적인 우연적 사고에 근거한 리더십에 대한 현대적 이해는 플라
톤에게 거의 의미가 없다고 볼 수 있다.

플라톤의 저작들이 기원전 2세기 이전으로까지 거슬러 올라갈
정도로 오래되기는 했지만, 많은 현대의 리더들도 플라톤의 가르
침에 기꺼이 공감하고 있는 것으로 보인다. 왜냐하면 그의 사상
은 리더십과 관련된 우리의 많은 이론을 발전시키는 데 중요한
기초를 제공해주고 있기 때문이다. 프리드릭 테일러(Frederick
Taylor)의 '업무 수행 기준(performance standards)', 막스 베버
(Max Weber)의 '관료주의(bureaucracy)', 프랭크(Frank)와 릴리
언 길브레스(Lillian Gilbreth)의 '효율성(efficiency)' 그리고 앙리
파욜(Henri Fayol)의 '경영 원칙(managerial principle)' 등은 플
라톤의 『국가론』에서 그 유사점이 발견된다. 이들은 모두 전문
화에 중점을 두고 있다. 모든 종업원은 동등한 능력을 가진 것
으로 간주되는 것이 아니라, 기업의 보호자인 경영자의 명령에
기꺼이 따라야 한다. 그들은 종업원과 경영자의 두 가지 일 중

에 어느 것이 자기에게 더 적합한 것인지를 잘 파악해야만 한
다. 버나드 바스(Bernard Bass)가 『리더십의 핸드북』에서 우리
에게 시사하는 것처럼, 20세기 중반 이전의 대부분의 사람들은
지성, 에너지 그리고 도덕적인 힘을 각기 달리 갖고 있다고 믿
고 있었다. 그리고 대중들은 자신들이 어떤 방향으로 인도될지
모를지라도 항상 소수의 우월한 사람들에 의해서 기꺼이 지도
를 받고자 했다.11)

많은 사람들은 계속해서 그런 견해를 명확하게 공유하고 있
다. 알렉산더 대왕(Alexander the Great), 조지 워싱턴(George
Washington), 리콴유(Lee Kuan Yew), 골다 마이어(Golda Mier)
혹은 마틴 루터 킹(Martin Luther King) 등은 비록 소수이기는
했지만 그들의 추종자들에게 나아갈 방향을 강력하게 제시해
주었다. 그리고 이것은 우연이 아니었다. 키르크패트릭이나 에
드윈 로크 연구원의 말을 빌리자면, 그들은 적절한 소질(right
stuff)을 가지고 있었다. 플라톤의 말을 빌리자면, 그것은 그들
영혼에 이미 그러한 소질이 부호화되어 있었다.

하지만 이들이 그런 견해를 공유하고 있는지와 관계없이, 우
리 조직을 이끄는 사람은 자신을 철인왕이라고 공개적으로 정
의하지 않았다. 민주주의에서 자신을 태생적 리더라고 주장하
는 사람은 아마도 엘리트주의자일 것이다. 대부분의 경우 행동
주의 과학은 사람들 사이에서 재능의 분배에 대해서 우리의 이

---

11) Bernard M. *Bass, Bass & Stodgill's Handbook of Leadership*, 3rd ed.(NY :
The Free Press, 1990).

해의 지평을 넓혔다. 벨 커브(Bell Curve)의 사고는 더 이상 적용되지 않는다. 하지만 정직하게 말하자면, 대부분의 경영자들은 그들이 피고용인과는 다르다고 믿지는 않는가? 그들은 자신을 따르는 사람들보다 재능과 지식이 더 많다고 아마도 주장하지는 않는가? 그들은 자신에게 리드한 권리를 준 것은 자신의 뛰어난 능력이라고 주장하지는 않는가? 피고용인의 영혼이 은, 놋쇠 그리고 철로 만들어진 반면, 고용인의 영혼은 금으로 만들어졌다고 주장하지는 않는가? 권력이 리더십에 맞게 부호화되어 있지 않은 영혼의 사람들에게 부여되어 있다면, 그들의 조직은 버둥거리거나 실패할 것이라고 리더들은 주장하지 않았는가? 그들은 아마도 분명히 그랬을 것이다. 그리고 그들이 그렇게 할 때, 그들은 여전히 플라톤 사상의 영향에 여전히 근거하고 있는 것이다.

같은 방식으로 여성들은 플라톤의 가르침을 올바르게 인식해야만 한다. 왜냐하면 플라톤이 유럽의 백인 남성이라는 이유때문에 우리 사회의 수정주의적 역사학자들과 문학자들에 의해 통렬한 공격 대상이었을지라도, 리더십은 특정한 성별에 근거한 것이 아니라는 점을 인식한 것은 서구 문화에서는 그가처음이었다. 아리스토텔레스는 명확히 아니었다. 대부분의 그리스, 로마 철학자들도 역시 아니었다. 대부분 여성이 신체적인힘에서 남성보다 약하다는 것을 그는 인정하고 있을지라도, 남성 지배가 불평등하다는 것을 강조하는 사람들은 플라톤을 비난하지 않는다. 그의 관심은 신체의 생식기보다는 영혼의 본질에 있었다.

이것들은 플라톤의 저작이 우리 리더들에게 어떻게 영향을 주었는지에 관한 단지 몇 가지 예들이다. 그 외에도 많은 다른 예들이 있다. 불행하게도 20세기 마지막 후반기 동안 리더십을 이해하는 데 우리는 철학이 이룩한 중요한 업적들을 제대로 인식하지 못했다. 우리는 서구 문화에서 리더십의 철학적 기초를 제공했던 모든 사람들 사이에서 그 차이점을 이끌어내지 못했다. 대신 우리의 서가는 밝은 미래를 제시하기보다는 어두운 현실을 직시하게 하는 행동주의적 경향이 농후한 지식들로 가득한 책자들로 채워졌다. 때문에 우리는 리더십을 묘사할 수는 있지만, 리더십이 무엇인지에 대해 정확한 이해를 하는 데는 부족한 점을 갖고 있다.

그래서 우리의 관점을 재정립해서 행동, 우연성 그리고 무의식적인 음모를 가진 우리의 선입견을 진단하는 것으로부터 출발할 필요가 있다. 우리가 리더십을 제대로 이해하기 위해서는, "리더가 하는 일은 무엇인가(what leaders do)"를 설명하는 경험적인 지식으로부터 "리더는 무엇인가(what leaders are)"를 우리에게 말하는 그러한 철학적 명제를 한 번 더 검토하는 것을 시작해야만 한다. 왜냐하면 이렇게 검토할 때, 우리는 리더십에 대한 가장 어려운 논제에 다가갈 수 있기 때문이다. 플라톤의 『국가론』은 그러한 노력을 하는 데에 가장 좋은 인식의 근거가 될 것이다.

제2장
아리스토텔레스 : 정의와 덕의 리더십

> "태어날 때부터 어떤 사람은 복종하도록,
> 또 어떤 사람은 통치하도록 운명지어져 있다."
> ― 아리스토텔레스(Aristotle)

현대 사회에서 리더십을 이해하는 것과 관련된 학문의 조류가 등장한 것은 아주 최근의 일이다. 20세기 후반에 우연성과 행동주의 이론이 범람했기 때문에, 현재 몇몇 학자들은 이러한 여러 이론에 대한 대안적 접근을 모색하고 있다. 이들은 대중의 심리에 근거한 방법론에 계속해서 의존하기보다 리더십 자체에 대한 이해도를 높이기 위해서 철학에 의존하고 있다.

방법론상의 이러한 변화의 예는 탐 모리스(Tom Morris)의 책인 『아리스토텔레스가 제너럴모터스사(社)를 경영한다면(*If Aristotle Ran General Motors*)』에서 발견할 수 있다. 모리스의 책은, 종종 철학적인 정교성은 다소 부족할지라도, 리더십 연구가 오랜 기간 동안 지속해왔던 일련의 경험적 관찰 그 이상의 시사점을 던져주고 있다.

모리스의 주장은 옳은 면이 있다. 형이하학과 형이상학 사이 통일성(unity), 즉 자연적인 것과 초자연 사이의 통일성을 추구하는 것은 아주 적절하다고 본다. 하지만 많은 방법에서 모리스의 저작은 부족한 점이 있다. 왜냐하면 그의 저작은 우리의 연구 핵심에 내재된 철학적인 탐색을 하고 있지 않기 때문이다. 인간적이라는 것은 무엇을 의미하는가? 실제로 인간은 평등한가? 인간들 중에서 누가 리드해야만 하는가? 이러한 질문을 하기 전까지, 우리는 무엇이 인간에게 다른 사람들에게 복종을 강요할 권리를 부여하는지 이해할 수 없다. 물론 아리스토텔레스는 우리의 이러한 질문에 대한 해답을 가지고 있다. 하지만 우리가 그의 답변을 평가하기 전에 우리는 간략하게나마 세계의 본질에 관한 그의 철학을 검토해야만 한다.

아리스토텔레스는 그의 스승인 플라톤과는 달리 현실주의자였다. 그의 입장은 확고하게 자연 세계에 뿌리를 두고 있었다. 그는 이데아 세계의 존재를 믿었을지라도, 이것이 자연과 분리되어 존재한다는 플라톤의 주장에는 동조하지 않았다. 대신에 아리스토텔레스는 이 이데아 세계를 자연 세계에 정보를 제공해주는 질료(matter)와 같은 것이라고 믿었다. 감각을 통해서 우리가 인식하는 것은 실제 세계의 단순한 모방이 아니라, 그 자체가 실재하는 세계인 것으로 보았다.

하지만 '변화'라는 사실 때문에 실제에 대한 우리의 이해는 위협을 받게 된다. 예를 들어 도토리 열매는 나무로 변화할 것이다. 소녀는 한 여성이 될 것이다. 어떤 것도 동일하게 남아 있지는 않을 것이다. 그래서 골치 아픈 철학적인 문제가 생기게 되는 것이다. 인식의 대상은 계속해서 변화하는 상태 속에서 존재하기 때문에, 과연 무엇이 그 실제의 모습이라고 할 수 있는가?

이런 변화를 설명하기 위해서, 질료는 계속해서 그것에 합당한 방식으로 자체의 존재 목적을 향해서 움직이고, 다양한 형상을 가지면서 결국은 의도된 질료가 되려고 한다고 아리스토텔레스는 주장했다. 어떤 다른 것이 되려고 하는 가능태는 그것의 현실태 안에 포함되어 있다. 프로스트 교수는 이를 설명하기 위해서 동상을 만드는 조각가를 예로 들고 있다.

만약 우리가 세계를 이해하고자 한다면, 우리는 동상을 만드는 조각가의 관점에서 그것을 이해할 수 있다. 플라톤의 경우에 조각가는 대리석으로부터 자유롭고 독립적일지라도, 아리스토텔레스의 경우 조각가는 그의 대리석에 의존한다. 완벽한 동상에 대한 조각가의 이데아는 실제로 대리석이 추구하는 형상에 속에 있다. 그러므로 아리스토텔레스는 세계의 모든 대상은 네 가지 원인을 가지고 있다고 가르쳤다. 첫째는 작업하기 전에 예술가가 가진 대리석의 이데아, 즉 실현되고자 하는 형상이다. 그는 이것을 '형상적 원인(formal cause)'이라고 했다. 둘째, 예술가가 가지고 작업하는 대리석, 즉 질료다. 이것은 '질료적 원인(material cause)'이다. 셋째 원인은 동상을 만드는 것, 즉 동상을 만들기 위해 사용되는 도구들이다. 아리스토텔레스는 이것을 '유효한 원인(efficient cause)' 혹은 '움직이는 원인(moving cause)'이라고 불렀다. 넷째, 동상이 만들어진 목표나 목적, 즉 어떤 것을 위해 작품이 만들어졌는가 하는 것이다. 이것을 그는 '궁극적 원인(final cause)'이라고 했다.1)

모든 현상은 목적이 있으며, 그 목적을 향해서 나아간다고 아리스토텔레스는 가르쳤다. 그리고 인간성의 본질에 관해서도 이러한 논리를 전개했다. 아리스토텔레스는 모든 것이 궁극적 원인을 향해서 움직이고 있다고 보고, 다음과 같은 질문을 한다. 인간의 궁극적 원인은 무엇인가? 우리의 목적은 무엇인가? 우리는 무엇을 향해서 움직이고 있는가? 아리스토텔레스는 그의『니코마코스 윤리학(*Nicomachean Ethics*)』제1장에서 이런 질문들에 대한 답을 제시하고 있다. 요컨대 그는 행복하게 되는 것이 인간의 본질이라고 가르쳤다. 그리고 우리 각자가 추구하려고 노력하는 것은 행복을 얻기 위해서라고 했다. 이에 대해 오스틴 파고디(Austin Fagothy) 교수는 다음과 같이 설명하고 있다.

행복은 인간의 목적이다. 그것은 비활동적이지 않고 활동적이다. 어떤 사람도 잠자고 있을 동안에는 행복할 수 있다. 그것이 가장 높은 종류의 행위가 되어야만 한다. 어떤 다른 것을 위하는 것이 아니라 자신을 위한 것이 바람직한 것이라고 할 수 있다. 그것은 흥밋거

---

1) S. E. Frost, Jr., *Basic Teachings of the Great Philosophers* (NY : Doubleday Anchor Books, 1962), p.14.

리가 아니다. 왜냐하면 그것은 흥미로운 일과 노동으로서의 일 사이의 단순한 휴식이기 때문이다. 행복은 어떤 것을 생산하는 데서 발견되지 않는다. 왜냐하면 그런 행위는 생산품을 위한 것이며 행복은 그 자신을 위한 것이기 때문이다. 행복은 신체나 감각의 행위가 아니라 우리 가운데에서 가장 숭고하고 최고인 우리의 정신의 행동이다. 그것은 실제적인 이유에 대한 활동이 아니다. 왜냐하면 우리가 여가를 가지고 일하기 때문에 조용하고 여유 있게 활동하는 사변적이거나 이론적인 이유가 아니라 근심거리와 문제로 가득 차 있기 때문이다. 그러므로 그것은 군인이나 정치가의 활동이 아니라 현자와 학자의 활동이다.

　행복한 삶은 선한 삶이기 때문에 미덕이자 가장 높은 덕의 삶이다. 그것은 실생활을 위한 인간에게 적합한 용기와 절제의 삶일 뿐만 아니라, 명상(가장 고매한 진리와 선을 명상하는 것)을 하는 사람에게도 적합한 지적인 덕행이다. 명상의 삶은 가장 즐겁고, 느긋하며, 지속적이며, 영구적이고 자기 만족적이다. 그것은 신의 삶이자 최고의 선이다.[2]

아리스토텔레스는 덕을 추구함으로써만 행복을 발견할 수 있다고 믿었을지라도, 인간의 감정과 느낌을 포기하고 무시해야만 한다고 주장하지 않았다. 그는 현실주의자였다. 그럼에도 불구하고 그는 우리의 열정은 조절되어야만 한다고 주장했다. 정신은 열정을 통제해야만 한다. 이성적인 사람이 이성적이지

---

2) Austin Fagothy, *Right and Reason* (St. Louis, MO : C. V. Mosby Company, 1955), pp.43-44.

못한 사람을 지휘·감독해야만 한다. 거기에는 반드시 균형이 있어야만 한다. 그러므로 중용은 미덕을 달성하기 위한 아리스토텔레스의 지도 원리라고 할 수 있다. 거기에는 어떠한 지나침도 없다. 우리의 행동이 용기, 절제 그리고 자기 만족이라는 도덕적 덕을 목적으로 하거나 예술, 과학적 지식, 실용적 지혜, 철학적 지혜 혹은 직관적 이성을 목적으로 하든지 간에, 그 사이에는 최상의 덕목이 놓여 있다. 이 미덕은 양극단 사이에 놓여 있다.

하지만 적당한 도덕적 활동은 수학적 계산과 같이 결정되어서는 안 된다. 왜냐하면 그것은 객관적인 수단이 아니기 때문이다. 대신에 중용은 사람이 스스로를 발견하는 상황과 비례해서 이해되어야만 한다. 중용은 반성적 사고를 통해서 가능하다. 그것은 이성적이어야만 한다. 그것은 실제적인 행동으로 이어져야만 한다. 그래서 덕이 있는 사람은 심사숙고를 통해서 행동과 지식을 조화하면서 행복을 달성할 수 있다.

하지만, 아리스토텔레스는 모든 인간이 진실로 행복한 삶에 참여할 정도의 지적 능력을 가지고 있다고 믿지 않았다. 그리고 이런 틀을 통해서 그는 리더십에서 지배와 복종의 양자 관계를 발전시켰다. 아리스토텔레스는 기본적으로 두 종류의 인간이 있다고 가르쳤다. 즉, 덕이 있고 이성적인 삶을 사는 부류의 사람들과 격정, 변덕 그리고 사회적 관습에 의해 지시를 받는 부류의 사람들이 있다. 아리스토텔레스는 전자에 공동체 안에서 시민권을 부여했다. 왜냐하면 그들은 공동체가 그 목표들을 달성할 수 있도록 하는 능력을 가지고 있다고 생각했기 때문이다. 그러므로 그들은 최고의 선을 심사숙고하고 따르기 위해 '여가의 역할(roles of leisure)'이 할당되었다. 그들은 자유민으로서 노동으로부터도 자유로웠다.

한편, 아리스토텔레스는 후자에게는 그들의 시민권을 부인했다. 대신에 그들은 자유민의 규칙에 종속되어야 한다고 보았다. 왜냐하면 여자, 노동자, 예술가 그리고 농부는 행복한 삶을 영위할 수 있는 능력이 부족했기 때문이다. 정욕, 탐식 그리고 육체적 필요가 이들을 충동질하기 때문에 이들에게는 덕이 부족했다. 이들에게는 최고의 선을 생각할 시간뿐만 아니라 능력도 부족했다.

간단히 말하자면, 아리스토텔레스는 리더십의 양자 관계를 서술하는 데 결코 평등주의자는 아니었다. 그에게 인간은 천성적이거나 법적으로도 평등하게 창조되지는 않았다. 이에 대해 그는 다음과 같이 설명한다.

천성적으로 노예가 되려고 했던 어떤 사람이 있다고 가정할 때, 그러한 조건은 과연 편리하고 정당한가? 또는 모든 노예 제도가 자연 현상을 어기는 것은 아닌가?

이성적이고 현실적인 입장에서 이 질문에 답하기는 그다지 어렵지 않다. 왜냐하면 어떤 사람은 지배하고 다른 사람은 지배를 받는다는 것은 필요할 뿐만 아니라 편리한 것이기 때문이다. 태어난 시간부터 어떤 사람은 복종하도록 계획되어 있고, 다른 사람은 통치하도록 계획되었다. (중략) 하등 동물들은 하나의 원칙을 이해할 수 없는데 반해 이들은 본능을 따른다. 실제로 노예와 길들인 동물은 아주 다르지 않다. 왜냐하면 육체를 가진 이들 모두 다 삶의 필요를 위해 노예의 삶을 살기 때문이다. (중략) 이것이 육체에 적용되지 않고 영혼에 대해 논의된다면 이러한 유사한 구별은 얼마나 정당하게 존재할 수 있겠는가? 신체의 아름다움은 볼 수 있는 반면 영혼의 아름다움은 수 없다. 그리고 어떤 사람은 태어나면서 자유롭고 다른 사람은 노예라는 것은 분명하다. 그러므로 노예 제도는 편리하며 정당하다는 것도 분명하다.[3]

자유민은 노예를 다스려야만 한다. 왜냐하면 노예는 덕이 부족하기 때문이다. 하등 동물과 같이, 노예는 원리를 이해하는 능력이 부족하다. 노예의 운명은 생활에 필요한 것을 만족하기 위해 자신의 육체를 사용한다. 단순하게 진술하자면, 영혼은 육체보다 우월하기 때문에 자유민은 노예보다 우월하다.

하지만 여자들과 아이들에 대한 아리스토텔레스의 양자 관계에 의한 접근은 다소 다르다. 그는 여자와 아이를 자유민보다 열등하다고 간주했을지라도, 아이들은 덕이 높게 될 수 있는 가능성을 인정했다. 노예와는 달리, 여자들은 그들의 본성에 독특한 덕을 구비하고 있다고 보았다. 다음은 그 관련 내용이다.

하지만 통치의 종류는 다르다. 남성이 여성을 통치하거나 남자가

---

3) Aristotle, "Politics", Richard McKeon, ed., *The Works of Aristotle*, trns., Benjamin Jowett (NY : Random House, 1941), pp.1131-1133.

아이를 지배하는 것과는 또 다른 방식으로 자유민은 노예를 통치한다. 영혼의 부분들이 그들 모두에게 존재할지라도 그 존재 양식은 다양하다. 왜냐하면 노예는 깊이 생각하는 능력을 전혀 가지고 있지 않다. 여성은 이것을 가지고 있기는 하지만 권위가 없고, 아이들은 이것을 가지고 있기는 하지만 성숙하지 못하다. 그래서 생각하는 능력은 도덕적인 덕과 함께 해야 한다. 하지만 사람의 의무를 완성하기 위해 각자가 요구한 그러한 방식과 정도에 따라 모두는 덕을 구비해야 한다. (중략) 그러므로 명확하게 하자면 도덕적 덕은 그들 모두에게 속한다. 하지만 남성과 여성의 절제 혹은 용맹과 정의는 소크라테스가 주장한 것과는 다르다. 남성의 용맹은 명령하는 데 있고, 여성의 용맹은 순종하는 데 있다. (중략) 아이는 불완전하며, 아이의 덕은 명백하게 자신과 관계가 없고 완전한 성인과 아이의 스승과 관련되어 있다. 같은 방식으로 노예의 덕은 주인과 관련되어 있다.4)

결과적으로 노예는 사려 깊게 생각하는 능력을 갖고 있지 못하기 때문에 주인이 전제 군주로서 리드해야만 한다고 그는 가르쳤다. 아이는 덕을 행하기 위한 잠재적 가능성을 가지고 있기 때문에 왕이 신하들을 대하는 것처럼 다루어야만 한다. 아내는 덕을 가시고 있기 때문에 (권위는 없을지라도) 자신의 구체적인 천성이 허용하는 정도까지 가사 경영에 참여해야만 한다.

쉽게 추측할 수 있는 것처럼, 실제로 아리스토텔레스가 제너럴모터스사를 경영했다면, 회사 중역 회의에 여자는 없었을 것이다. 이사회에서는 노동자의 대표도 없었을 것이다. 권력은 우

---

4) Ibid., pp.1144-1145.

리 사회에서 더 재능 있고, 더 덕이 있고, 더 많은 권리를 가진 사람들의 독점적인 영역이 되었을 것이다. 여성과 노동자는 복종해야만 하는 역할로 격하되었을 것이다.

하지만 리더십의 양자 관계에서 이런 구별은 강한 엘리트주의적 함의를 가지고 있을지라도 아리스토텔레스가 의미한 리더는 용기와 절제를 가진 남성이었다는 점은 눈여겨보아야 한다. 이들 남성은 학식을 가졌다. 그들은 동정심이 많았다. 그들은 자신들을 위해서 뿐만 아니라 그들이 통치하는 모두를 위해서 최고의 선을 추구했다. 그들은 사적 이익과 하찮은 것을 얻으려 하는 하는 것에도 관심이 없었다. 그들의 리더십은 열정의 참주 정치로부터 벗어나서 정의와 덕에 뿌리를 두고 있었다.

흥미롭게도 아리스토텔레스는 자유민을 사회에서의 리더와 동일시하는 점에 대해서는 애매한 태도를 취하고 있는 것처럼 보인다. 때때로 그는 각자가 동등하다면 리더 또한 자신의 차례를 기다려야 한다고 주장했다. 그리고 동등한 사람들 사이에서 누구도 타인보다 뛰어나지 않기 때문에, 어떤 사람도 영원히 다스려서는 안 된다는 점을 특히 강조했다. 후에 『정치학 (*Politics*)』에서, 아리스토텔레스는 한 사회가 요구하는 많은 일차적인 재능은 다양한 시대를 통해서 각 개인들에게 동일하게 내재되어 있다고 주장한다. 그래서 시민들은 젊었을 때 무사가 되어야 하고, 중년의 나이에는 리더가, 나이가 들면 성직자가 되어야 한다고 아리스토텔레스는 제안하고 있다.

플라톤과 같이 아리스토텔레스는 리더가 되기 위해 태어나

는 사람들이 있으며, 나머지 사람들은 리더를 따르기 위해서
태어난다고 주장했다. 하지만 플라톤에게 그러한 리더십의 부
여는 발생하는 사건과는 관계없이 사회를 통해서 많은 사람들
사이에 편재되어 있었다. 그리고 이런 재능을 소유한 사람들을
확인하고 이들이 사회에서 적절한 위치를 갖도록 준비시키는
것이 철인왕의 책임이었다. 하지만 아리스토텔레스는 자유민은
대부분이 자유민인 그들의 부모로부터 태어난다고 가르쳤다.
그래서 시민권은 태생적 권리였다. 여가를 누리는 계급으로 태
어나는 사람만이 시민이 될 수 있었다. 같은 방식으로 노예의
자식들은 노예로 남아 있었다. 왜냐하면 노예로서 그들은 궁극
적인 선에 대해서 여유 있게 생각할 시간이 부족했기 때문이다.
이들의 임무는 일하는 것이었다. 아리스토텔레스는 육체적인
노동을 영혼의 품위를 떨어뜨리는 것으로 간주하고, 노예는 덕
을 위해서는 적절하지 않다고 믿었다. 결과적으로 노예의 자식
들은 자유민의 신분에 올라갈 기회를 결코 가질 수 없다고 본
것이다.

아리스토텔레스는 다양한 방식으로 리더는 덕을 구비한 사
람이어야 한다고 제안하고 있는데, 이는 우리에게 유익한 철학
적 기초를 제공하고 있다. 리더들 가운데 자기 잇속만 챙기는
행동을 자주 보게 되는데 우리는 이를 거부한다. 대체로 우리
는 타인을 희생시켜가면서 개인적인 이익을 추구하는 기회주
의적인 선동가에 대해서는 거의 참지 못한다. 만약 아리스토텔
레스가 제너럴모터스사를 경영한다면, 의문의 여지없이 우리는

모든 사람에게 공통적이며 궁극적인 선을 향해 회사를 하나로 통합하려는 리더십을 발견할 수 있었을 것이다. 우리는 기업에서 신뢰를 확인할 수 있었을 것이다. 우리는 진실과 정직을 찾을 수 있었을 것이다. 우리는 미와 선을 찾을 수 있었을 것이다. 우리는 동물과 구분되는 영혼의 자질에 초점을 맞추게 되었을 것이다.

또 다른 측면에서 볼 때, 인간 불평등과 관련된 아리스토텔레스의 철학이 2000년 이상 우리 사회에서 리더십 행동에 대한 기초로써 어떻게 도움을 주었는지를 설명하는 것은 쉽지 않을 듯하다. 확실히 서구 민주주의에서 그러한 관념들은 가장 용납되지 않았다. 하지만 이런 문제들과 씨름한 아리스토텔레스의 시도는 재음미해볼 만하다. 왜냐하면 이러한 문제들은 역사를 통해서 인간이 직면해오고 있는 문제들이기 때문이다. 실제로 이러한 문제를 해결하기 위한 우리의 시도는 무수히 많다. 적극적인 행동, 시민권, 인권, 여성의 권리, 노동자의 권리 등이 바로 그것들이다. 이들 각각은 평등의 개념에 뿌리를 두고 있다. 또한 이들은 인간 본성에 깊은 뿌리를 두고 있다. 민주주의 제도에서 살고 있는 우리는 이런 문제에 대한 아리스토텔레스의 해법에 만족하지 않을지도 모르지만, 동일하게 우리는 우리 스스로의 해법에 대해서도 만족하지 못하는 경우를 상당히 많이 찾을 수 있다. 리더들은 평등을 말한다. 자유민이 노예를 다루는 것처럼, 리더들은 타인을 열등하다고 취급한다. 가진 자들은 가지지 못한 자들의 인간적인 존엄을 부인한다. 실제로, 우리 사회에서 어떤 사람이 타인보다 천부적으로 뛰어나다고 계속해서 주장하는 것을 쉽게 찾아볼 수 있다.

예를 들어, 많은 사람들은 본성의 범위에서 그렇지 않은 척하면서 자신들의 리더십 능력을 개발하기 위해서 여성들의 기회를 부인하려고 했다. 그들에 의하면 용기를 가진 남성은 명령할 수 있는 능력을 적절하게 드러내는 반면 여성은 기꺼이 순종하는 도덕적인 덕을 가지고 있다는 아리스토텔레스의 주장에 동조한다. 결과적으로 계급에 대한 논의는 여성을 위해서뿐만 아니라 천부적으로 성이나 인종에 의해 열등하다고 간주되는 모두에게 계속해서 이어지고 있다. 그리고 태생적 엘리트주의를 정당화하는 곳에서, 회사의 이사회에서나 군대의 계급구조 안에서나 가톨릭 성당에서, 우리는 인간 사회에서의 천부적인 불평등에 대한 아리스토텔레스의 주장에 동의하고 있음을 발견할 수 있다.

실제 미국의 역사는 이런 예들로 가득 차 있다. 미국 헌법이 존 로크(John Locke)가 개진한 평등 개념에 근거해서 틀이 짜여 있을지라도, 미국 정치 사상을 형성하는 데 기여한 사람들은 역시 아리스토텔레스의 철학적 기초에 서 있었다. 예를 들어, 1813년에 존 애덤스(John Adams)에게 보내는 한 서신에서 토마스 제퍼슨(Thomas Jefferson)은 사람들 사이에는 자연 발생적인 귀족 정치가 있다고 말했다.[5] 제퍼슨은 귀족 정치의 다

---

5) Thomas Jefferson, *Thomas Jefferson : Writings* (NY : The Library of America, 1984), pp.1304-1310.

섯 개의 기둥 가운데 미(beauty), 부(wealth), 태생(birth) 등의 요소들을 포함하고 있는 사이비 귀족(pseudo-aristoi)의 요소가 있고, 천재성과 덕성을 포함하는 자연 발생적인 귀족 요소가 있다고 강조했다. 그래서 그는 이것들을 자연이 우리에게 준 가장 귀한 선물이라고 했다. 이 말은 제퍼슨이 능력을 덜 가진 사람들의 시민권을 부인했음을 암시하는 것은 아니다. 실제로 제퍼슨은 그렇게 하려고도 하지 않았다. 하지만 제퍼슨이 인간들 사이에서의 능력과 덕의 불평등을 명확하게 구분하고 있다는 점은 주목할 만하다. 미국의 건국 시조들이 그랬던 것처럼, 제퍼슨은 여성과 아이들 그리고 노예에 대한 아리스토텔레스의 신념을 견지하고 있었던 것으로 보인다. 그리고 그의 전기작가가 우리에게 기억시켜주는 것처럼, 제퍼슨은 그의 삶을 통해서 그런 신념에 대해서 고민했었다.

그러므로 역사를 통하여 인간의 본성과 관계된 우리의 철학은 아리스토텔레스로부터 많은 영향을 받고 있다. 우리는 (19세기 후반 백인으로부터 흑인의 차별 철폐를 담고 있는) 짐 크로우 법안(Jim Crow Laws)을 읽고 놀라지 않는다. 금세기까지 여성들이 태생적으로 열등한 것으로 간주되어 투표할 권리조차 거부당했다는 사실에 대해서도 놀라지 않는다. 이것이 서구 사회에서의 우리의 전통이며, 우리가 국가들이나 조직들에서 인종, 성 혹은 다른 태생적 우연성에 근거한 우월성을 주장할 때마다 불평등에 대한 아리스토텔레스의 가르침을 발견하게 된다.

　명백하게도 아리스토텔레스의 철학적 통찰력은 현재 우리가 리더십을 이해하는 데 상당한 영향을 주고 있다. 소크라테스와 플라톤과 함께 그리스 역사의 황금 시대에 등장했던 모든 철학자들 중에서 아리스토텔레스는 리더십에 대한 우리의 이해를 형성하는 데 가장 영향력 있는 사람들 중 하나다. 정확하게 그렇다. 아리스토텔레스는 오늘날 우리가 마주하고 있는 그러한 어려운 문제에 직면했을 것이다. 리더가 된다는 것이 무엇을 의미하는지에 대해 더 깊은 이해를 하고자 한다면, 아리스토텔레스와 같이 2400여 년 전에 그가 제기했던 동일한 문제를 우리는 직면하여 풀어야만 한다. 즉, "인간의 본성은 무엇인가", "평등의 의미는 무엇인가", "무엇이 사람에게 또 다른 사람으로부터 복종을 강요하도록 하는 권리를 제공하는가" 등이 바로 그 문제들이다.

제3장
아우구스티누스 : 신에 대한 사랑

"나는 (신의 존재를) 이해하기 위해 신앙을 갖는다."
— 성 아우구스티누스(St. Augustine)

현대 서구 사회에서 리더십의 철학적 기초를 검토할 때, 현시대의 학자들은 아우구스티누스의 가르침을 잘 참조하지 않는 경향이 있다. 많은 철학자들이 그의 사상에 대해 큰 주목을 하지 않고 있는 이유는 그가 철학자라기보다는 신학자였기 때문이다. 물론 이러한 철학자들의 주장은 일면 정확하다고 할 수 있다. 실제로 아우구스티누스는 세계의 본질을 이해할 때 이성보다는 신앙에 더 비중을 두었다.

그러나 한편으로, 또 다른 철학자들은 아우구스티누스의 저작들은 엄밀히 말하자면 철학적 본질에 근거하고 있다고 주장한다. 정치역사가인 어니스트 포르틴(Ernest Fortin)은 아우구스티누스의 정치철학에 대해 다음과 같이 설명하고 있다.

아우구스티누스는 철학을 스스로 제한된 또한 하나의 독립된 학문 분야로 고려하지 않았으며, 철학과 신학을 분리해서 다루지 않았기 때문에, 그의 사고의 통합성을 존중해주고, 정치적 문제에 대한 그의 견해를 이해함에 있어서 그의 신학적 원칙이 드러나고 있는 단일하고 일관성 있는 전체적인 학문 체계 속에서 이해하는 것이 바람직하다.[1]

그러므로 리더십에서의 철학과 신학의 양자 관계를 말하면서 특별히 선거철의 정치 지망자들이 신앙을 리더십의 본질의 측면에서 언급하고 이를 아우구스티누스의 사상과 연결시키는 것은 매우 적절해보인다. 더욱이 서구 문화가 중세 암흑 시대를 통해서 지적인 침체의 고통을 겪었기 때문에 아우구스티누스의 공헌을 인정하지 않는다면, 이것은 천 년 이상의 세월 동안 의미심장한 학문적 균형자적의 역할을 해온 중요한 부분을 무시하는 형국이 될 것이다. 의심할 여지없이 우리 문화 유산에서 리더십의 철학적 기초를 검토할 때 아우구스티누스는 중요한 부분을 차지하고 있다.

아우구스티누스의 사상은 초기 그리스 신구자들의 가르침에서 많은 영향을 받았다. 하지만, 플라톤과 아리스토텔레스 당시의 시대적 배경은 약 7세기 후 등장한 아우구스티누스 당시와는 상당한 거리가 있다. 그리스 철학자들이 철인왕과 같이 덕

---

1) Ernest L. Fortin, "St. Augustine", in Leo Strauss and Joseph Cropsey, eds., *History of Political Philosophy* 3rd. ed. (Chicago : University of Chicago Press, 1987), p.178.

있는 소수의 사람이 통치하는 시민들로 구성된 리더십의 구도
를 제안했던 반면, 아우구스티누스는 무너지는 로마 제국의 패
망을 극복해야 한다는 과제를 안고 있었다. 헬레니즘 철학자들
이 당연시했었던 작은 규모의 귀족 도시 국가는 대규모의 제국
으로 팽창하여 이제 종말을 고하고 있었다. 아우구스티누스 시
대에 이르러 로마의 통치권이 끝났다는 사실 역시 중요하다.
시저(Caesar)는 더 이상 신으로 추앙되지 않았다. 아우구스티
누스는 북쪽으로부터 야만적인 유목민들이 로마 제국의 문화
적 잔재를 파괴하는 마지막 시기를 맞이하고 있었다.

　이러한 것들이 5세기초에 아우구스티누스를 알 수 있는 정치
적인 전후 배경이다. 그 시기에 두드러진 두 가지 철학적 조류
로 에피쿠로스 철학과 스토아 철학이 있는데, 이들은 그리스
철학에 그 기원을 두고 있었다. 에피쿠로스 철학은 세계가 단
지 우연에 의해서 존재한다고 주장했고, 그리하여 세계에는 통
일된 원칙이 없다고 보았다. 에피쿠로스(Epicurus)가 오늘날
쾌락의 아버지로 알려진 바와 같이 인간은 쾌락을 추구할 뿐만
아니라 당연히 쾌락을 추구해야 한다고 가르쳤다. 또한 인간의
본질은 이상적인 선을 추구하는 것이 아니라 오히려 고통을 회
피하는 데 있다고 주장했다.

　하지만 스토아 철학은 이와는 아주 달랐다. 스토아 철학은
세계에 질서를 부여하기 위해 천부적인 이성이 본질에 작용하
고 있다고 가르쳤다. 제논(Zeno)은 주장하기를, 인간이 이러한
힘을 가진 존재이긴 하지만 본질을 개조할 수 있는 어떤 것도

할 수 없으며, 그들의 의지를 신의 계획에 따라 이루어나가야 한다고 했다. 만약 어떤 사람이 노예로 태어났다면 그것 역시 그의 운명이다. 만약 제국이 몰락한다면 그것도 그 제국의 운명이다. 확실히, 우리는 스토아 철학에서 아우구스티누스의 학문적 편린을 뚜렷이 발견할 수 있다.

게다가 그리스인들은 아우구스티누스에게 이성의 우월성에 바탕을 둔 세계를 이해하게 하는 반면, 법의 의미와 관련된 그의 지적인 틀은 유대주의와 구약성서에 기원을 두었다. 동시에 기독교와 신약성서는 인간 관계의 정황에서 사랑의 의미와 관련된 가르침을 알려주었다. 이러한 영향들은 인간 본성에 대한 그의 이해를 깊게 하였다. 또한 리더십의 근원적인 문제들과 관련된 아우구스티누스의 반응을 형성하는 데 기여하였다. 누가 지도자가 되어야 하는가? 무엇이 타인의 행동에 영향을 줄 수 있는 권리를 어떤 사람에게 제공하는가? 철학적으로 아우구스티누스는 플라톤 철학의 신봉자였다.

그는 이상적인 형상은 우리의 감각을 초월한다고 믿는 이상주의자였다. 이상적인 형태는 변하지 않고 보편적이다. 그것은 인간 존재의 동굴에서 어둠이라는 그림자를 밝게 비춘다. 플라톤에게 이런 형태는 분명히 이데아적인 것이었다. 이것이 아우구스티누스에게는 신의 모습으로 등장했다. 그러므로 아우구스티누스는 그의 저서 『신국론(*City of God*)』에서 우주의 하나됨 속에서 같이 할 수 있도록 인간을 창조하였다고 설명하였다. 아우구스티누스는 에피쿠로스의 가르침에는 철저하게 반대하

면서, 인간의 본질은 쾌락을 추구하는 것이 아니라 인간을 만
든 창조자와 잘 조화된 평화 속에 사는 것이라고 가르쳤다. 그
는 다음과 같이 설명한다.

이것(인간의 본성)은 자연의 법칙에 의해 묘사되어 있다. 그래서
신이 인간을 창조한 것이다. 신은 인간에게 바다의 물고기와 공중의
새와 땅에서 기어다니는 모든 동물들을 지배하도록 허락하였다. 신
은 그의 형상을 따라 만들어진 이성을 가진 창조물들이, 비이성적인
창조물을 제외한 모든 창조물들을 지배해야 하는 것을 의미하지는
않았다. 즉, 인간의 인간에 대한 지배가 아닌, 동물에 대한 인간의
지배를 의미한다.[2]

그러므로 낙원에는 인간들 사이의 리더십이라는 역학 관계
는 없다. 누구도 타인에 대한 권위를 갖지 않는다. 모든 사람은
신의 영광 속에 동등하게 참여한다. 하지만 원죄를 통해서 아
담은 신을 거부하게 된다. 그렇게 함으로써 아담은 인류를 타
락시켰다. 아담은 우리와 창조자를 분리시켰다. 그래서 아담의
자손들은 창조자와 하나 되는 본성을 누리는 대신 타락한 본성
을 가지고 고통의 운명에 처해진다. 아담 자손들의 유일한 희
망인 재통합은 은혜와 구원을 통해 이루어진다.

하지만 모든 것이 상실된 것은 아니다. 왜냐하면, 아우구스티

---

2) St. Augustine, *City of God*, trans. Marcus Dods(NY : the Modern Library, 1950), p.693.

누스에 의하면 몇몇 신의 백성들이 신의 영광에 참여하기 위해 선택되었기 때문이다. 그들은 하늘의 왕국에서 한 번 더 신과 결합하도록 예정되었었다. 동시에 다른 사람들은 영원히 그들의 근원적인 본성이 상실될 운명에 있었다. 하지만 양쪽 모두 최후의 날이 될 때까지 이 땅에 머물러야 한다. 그래서 우리는 태어났을 때 두 왕국 중 한 곳에서 태어나게 된다. 어떤 사람은 인간의 도시에서 산다. 이 땅은 성적 자기애(self-love), 기만 그리고 타락에 근거하고 있다. 또 다른 사람들은 신의 도시에서 살도록 선택되었다. 이 땅은 사랑과 천국의 영광에 기초를 두고 있다. 그리고 우리가 살 수 있는 삶은 우리가 태어난 이 땅을 의미한다. 『신국론』에서 아우구스티누스는 다음과 같이 설명한다.

> 두 편으로 분류된 종족 중에서 한 무리는 인간의 도시에 살고, 다른 한 무리는 신의 도시에서 산다. 그리고 우리가 신비스럽게 두 도시들 또는 두 인간 공동체라고 부르는 것이, 한 곳은 신이 영원히 통치하도록 예정되었고, 다른 한 곳은 악마와 더불어 영원한 처벌로 고통을 받게 된다.[3]

아우구스티누스가 인간의 도시를 그 자체의 죄악에 의해 나누어진 것처럼 묘사할지라도, 본질적으로 인간의 도시가 악하다고 주장하지는 않는다. 인간의 도시는 선을 향한 잠재성을

---

3) Ibid., pp.478-479.

가지고 있다. 그럼에도 불구하고 그 약속은 확실히 피상적이다. 왜냐하면 이 땅의 인간들은 천국의 궁극적인 선 속에 있는 기쁨보다는 세속적인 땅의 물질을 더 향유하기 때문이다. 물질은 싸움, 소송 그리고 전쟁에 연루되어 소모된다. 심지어 전쟁을 통한 승리는 생명을 파괴하거나 단축시키게 된다. 그러므로 전쟁을 통해 인간의 영혼을 쟁취하는 것은 불가능하다고 할 수 있다.

이러한 것들이 모든 세속적 조직의 본질이다. 리더십의 본질 역시 마찬가지다. 리더십은 적대감에 근거하고 있고 자조적 (self-serving) 성향이 있으며 파괴적이다. 그래서 아우구스티누스는 누가 리드를 해야만 하는가에 대해서 그렇게 많은 설명을 하지 않고 있다. 대신에 인간의 도시라고 하는 장소에 더 많은 관심을 가진다. 그의 답은 구체적이며 세속적이다. 즉, 이기적인 자들, 불의한 자들 그리고 탐욕적인 자들이 하찮은 것들을 추구하고 육체의 쾌락을 추구하며 기뻐한다는 것이다. 이것이 인간의 도시 안에 있는 타락한 인간의 본질이며, 이 땅에서 생활해야 하는 사람들은 그들의 본성의 목적을 달성할 수 없다. 아우구스티누스는 모든 인간의 목적은 행복을 추구하는 것이며, 이 행복에 이르는 길은 평화를 확보하는 길이라고 믿었다. 플라톤과 같이 그는 모든 것들의 평화는 질서의 평온함 속에 있다고 믿었다. 비록 그런 질서가 우리의 삶에 불행을 가지고 올지라도 말이다.

인간과 신 사이의 평화는 법칙에 대한 질서정연한 복종의 신념 체계다. 인간과 인간 사이의 평화는 질서정연한 합의다. 국가 내에서의 평화는 통치자들과 복종해야 하는 사람들 간의 질서정연한 합의다. 시민사회의 평화는 시민들 사이의 합의다. 천국의 평화는 신의 완벽한 질서와 조화로운 기쁨이며, 또한 신적인 질서란 어떤 일을 균등하게 또는 불균등하게 할당하는 분배의 문제다. 따라서 비참함은 평화를 확실히 향유할 수 없음을 말하는 것이며, 방해를 받지 않고 질서가 평온히 유지되는데도 고통을 받는 것이며, 마땅히 비참할 지경에 이를 운명에 있기 때문에 그렇게 운명지어진 질서와 연계되어 있다.[4]

그럼에도 불구하고 이 땅에 사는 동안 신의 도시 안에 살기로 운명지어진 사람들은 그들의 리더십 방식대로 행복을 달성하게 될 것이다. 그렇게 할 때 그들은 인정을 받게 된다. 그들은 스스로를 위해서가 아니라 그들의 권위에 복종하는 모두를 위해서 정의와 선을 추구한다. 진실로 그들은 신의 사랑과 자비에 따라 리드하게 된다.

하지만 세속적인 평화가 통치자와 피통치자 간의 질서 있는 조화라면, 무엇이 다른 사람들을 통치하는 인간의 권리를 결정하는가? 아우구스티누스에게 그 대답은 매우 단순하다. 타인을 돌보는 사람들은 그들의 보호에 의존하는 사람들을 통치해야만 한다. 황제는 그의 시민들을 다스려야만 한다. 주인은 그의

---

4) Ibid., pp.687-690.

종들을 다스려야 한다. 남편은 아내를 다스려야 한다. 그리고 개개인의 불행함과 관계없이 다스림을 당하고 있는 모두는 기쁘게 복종해야 한다. 왜냐하면 그러한 복종이 타락한 인간 사회에서 질서정연한 조화를 제공하기 때문이다. 이와 마찬가지로 통치자도 종과 같이 그러한 태도를 견지해야 한다. 그 이유에 대해 아우구티누스는, "통치자들조차도 그들이 권력욕 때문에 다스리는 것이 아니라, 그들이 사람들로부터 지고 있는 의무감 때문이며, 결코 권위가 자랑스러워서가 아니라 자비를 사랑하기 때문"이라고 설명하고 있다.[5]

그럼에도 불구하고 인간의 도시 안에는 정의가 거의 구현되지 않는다. 즉, 착한 사람들도 흔히 사악한 사람들의 명령에 복종하도록 강요받게 된다. 하지만 이런 상황도 아우구스티누스를 혼란스럽게 하지 못했다. 즉, 그는 노예, 아내 혹은 어린이가 아무리 비참할지라도, 그 불의는 신의 의지를 나타내는 것이 아니라 오히려 인간의 타락한 본성에서 비롯된 것으로 보았다. 인간들 사이에서의 평등은 신의 도시 안에서 존재하는 것이지, 인간의 도시 안에서 존재할 수 없다. 또한 아우구스티누스는 다른 사람에게 노예가 되는 것은 세속적인 이 땅에서 최악의 경우는 아니라고 주장한다. 왜냐하면 사람들은 악한 자들의 명령에 복종하도록 강요받는 것보다 더 심각한 욕망의 노예가 될 수도 있기 때문이다.

---

5) Ibid.

물어볼 필요도 없이 욕망의 노예가 되는 것보다 인간의 노예가 되는 것이 더 행복한 일이다. 여타 다른 일은 언급할 필요도 없이, 이 욕망이라는 것이 바로 인간의 심장을 황폐하게 만드는 것이다. 더구나, 사람들이 평화적 질서 속에서 서로에게 복종할 때, 낮은 지위는 종에게 맞으며 높은 지위는 주인에게 부합된다. 그러나 본성적으로, 마치 신이 처음으로 우리를 창조한 것과 같이, 그 누구도 다른 사람이나 죄의 노예가 아니다. 그럼에도 이러한 예속은 형벌에 해당된다. 이는 자연 질서의 보존과 그 훼손 방지를 위한 법에 의해 정해진다. 왜냐하면 그 법을 위반해도 아무런 일이 없었다면, 노예라는 형벌로 처벌한다고 해도 아무런 제지 수단이 없었을 것이기 때문이다. 그러므로 사도들이 노예들에게 그들의 주인에게 복종하고 충심으로 복종해야 한다고 가르치며, 그렇게 함으로써 그들이 주인으로부터 완전한 해방을 만끽할 수는 없었다고 하더라도 그들 스스로 충직한 사랑으로 봉사함으로써 모든 불의가 사라지고, 모든 나라와 모든 인간의 권력이 무용지물이 되고, 신이 모든 것의 중앙에 있게 될 때(역자 : 완전한 천국을 말함)까지, 그들 자신의 노예 상태를 어느 정도 자유롭게 할 수는 있었을 것이다.6)

우리가 쉽게 알아볼 수 있는 것처럼, 리더십에 대한 아우구스티누스의 접근 방식은 여러 가지 면에서 초기 그리스 철학자들의 방식과 유사하다. 비록 아우구스티누스가 인간의 도시에서 리더십의 지위에 오른 사람들에 대하여 가장 비관적인 태도를 보였다고 할지라도, 신의 도시에서 거닐고 있는 리더는 플라톤

---

6) Ibid., p.694.

의 철인왕과 유사하다. 그는 덕을 가진 사람이다. 그는 그의 추종자들의 이익과 행복을 위해서 헌신적이다. 정의라는 측면에서 그는 그의 영혼의 법과 일치된 삶을 추구한다. 그들의 추종자들도 마찬가지다. 플라톤이 철인왕에 대한 복종을 옹호했듯이, 아우구스티누스는 피통치자들은 즐겁게 순종해야만 하고, 심지어 지도자들이 사악하고 의롭지 못할지라도 그렇게 해야 한다고 주장한다. 왜냐하면 그러한 복종이 있을 때 국가의 질서정연한 조화를 보장할 수 있다고 보았기 때문이다. 그것은 평화를 보장하고, 정의를 보장하고, 행복을 보장한다.

그래서 우리의 질문에 대한 아우구스티누스의 대답은 더욱 명백하다. 누가 이끌어야만 하는가? 그 해답은 바로 신이 이끌도록 예정한 사람들이다. 하지만 그는 덕 있는 사람이 이끌어야 한다고 주장하지는 않는다. 왜냐하면, 세속의 땅에서는 선과 덕 대신에 기만과 경멸이 만연하기 때문이다.

인간의 도시에서 리더십은 타락과 죄악, 이기심과 탐욕에 근거를 두고 있다. 액턴 경(Lord Acton)은 절대적인 권력과 절대적인 타락의 관계를 언급할 때 아우구스티누스와 논쟁할 만한 쟁점이 거의 없다고 했다. 인간의 도시에서 리더십에 대한 아우구스티누스의 설명의 예들은 많다. 종종 리더들은 아귀다툼하는 세계에 대해서 말할 때 세속의 도시에서의 삶을 연계시킨다. 이런 리더들은 봉사하는 경우는 거의 없고, 봉사 받기만을 원한다. 그들은 칭찬하는 데는 인색하고 비난하는 데는 재빠르다. 그들은 백성들의 이익을 추구하지 않는다. 그들은 자신들만의 이기적 쾌락을 만족시키기 위해 유리한 것들만을 추구한다. 동시에 그들은 다른 사람에게 그 분수를 알도록 훈계할 때, 아우구스티누스의 인간의 타락한 본성에 대한 설명을 들려준다. 그들은 노예 상태를 벗어나려고 노력하는 사람들을 박해하며, 타인들의 인간 존엄성을 부인할 때 성 아우구스티누스의 견해를 인용한다.

더 적극적인 경우, 현대의 지도자들이 자신들을 보호하고자 하는 정당성을 찾을 때, 아우구스티누스가 이미 밝힌 바 있는 신의 도시에서 살도록 점지된 리더들을 이끌어온다. 아우구스티누스는 이러한 자들에 대해 다음과 같이 묘사하고 있다.

우리는 지도자들이 다음과 같이 정당하게 지배를 행사한다면 그들을 행복하다고 말할 수 있을 것이다. 즉 첫째, 그들이 부하들의 과도한 칭송에 흔들리지 않고 자신도 한 인간임을 상기할 때, 둘째, 그들이 신에 대해서는 최대의 경배심을 가지고 이를 통해서 신의 권능 속에서 자신의 권력을 행사할 때, 셋째, 신을 두려워하고 사랑하며 숭배할 때, 넷째, 그들이 자기 자신보다도 서로 거리낌없이 이웃과 함께 어울릴 수 있는 왕국을 더 사랑하는 마음을 가질 때, 다섯째, 다른 사람의 허물을 벌하는 데 후하며 용서하기를 더 바랄 때, 여섯째, 그들이 피치 못해 처벌을 하게 될 경우라도 자신의 측근들을 만족시키기 위해서가 아니라, 정부의 필요와 공화국의 방위를 위해 꼭 필요한 경우에만 행할 때, 일곱째, 그들이 용서를 베풀 때도 부정을 행한 사람을 그대로 방치하는 것이 아니고, 죄수가 자신의 과오를 뉘우칠 것이라는 기대를 가지고 행할 때, 여덟째, 그들이 법령을 아

무리 엄격하게 집행한다고 하더라도 자비의 관대함과 사랑의 너그
러움으로 감싸안아 줄 때, 아홉째, 그들이 화려함을 추구한다고 하더
라도 절제된 미를 가질 때, 열 번째, 그들이 특정의 나라를 통치하는
것보다는 그 구성원들의 욕망을 다스리는 것을 더 우선할 때, 열한
번째, 그들이 이상의 모든 것을 행함에 있어서 공허한 영광을 열렬히
추구하는 것이 아니라 영원한 신적 사랑을 통해서 이루려고 할 때,
이때는 진정한 신에 대한 봉헌을 소홀히 해서는 안 되며 이 과정에서
는 자신들의 모든 죄와 겸손한 희생, 참회 그리고 기도를 반드시 포
함해야 한다. 이렇게 함으로서 우리가 기다려온 바로 그 순간이 도래
하게 될 것이다.7)

우리들 중에 이러한 리더들은 없는가? 물론 있다. 하지만 아
우구스티누스는 수적으로 볼 때 거의 없는 것이나 마찬가지라
고 주장한다. 그리고 우리가 그들을 발견할 때는 그들은 벌써
비웃음과 조롱거리가 되어 있다. 그들은 가슴과 영혼이 권력과
쾌락에 대한 추구로 부패해버린 도시에 있는 사람들에 의해서
친절과 인내와 용서와 자비가 나약함의 증거라고 공격당한 것
이다.

이러한 지적은 서구 문화에서 리더십을 이해하는 데 아우구
스티누스가 기여한 몇 가지 공헌 중의 하나다. 이런 공헌들은
우리가 논제에 접근할 수 있는 새로운 이론을 소개해주기 때문
이 아니라 리더십의 구도를 이해하는 데 우리에게 타락한 인간

---

7) Ibid., p.178.

의 본성, 즉 선과 악의 측면을 상기하도록 권고하고 있기 때문이다.

아마도 더 중요한 것은, 인류가 타락한 본성이 어디까지 갈 수 있는지를 확인하려고 했던 바로 그때 아우구스티누스가 신앙과 이성의 결합을 시도했다는 사실일 것이다. 중세 암흑 시대는 서구 세계에서 지적인 활동의 빛을 소멸시키기 시작했다. 그리고 이 빛이 다시 점화되기까지는 800년이라는 긴 세월이 흘러야 했다. 이 암흑기에 아주 드물게 피어난 양초 중의 하나가 히포의 주교인 성 아우구스티누스의 가르침이었다.

제4장
토마스 아퀴나스 : 성직자의 리더십

"이성의 빛은 모든 인간의 본성에 확실히 자리잡고 있으며,
인간으로 하여금 그 목적을 향하여 행동하도록 지도한다."
— 성 토마스 아퀴나스(St. Thomas Aquinas)

미국의 대통령 선거 과정을 지켜보면서, 우리는 한 번 더 서
구 사회에서의 교회와 국가의 분리에 대해서 깊은 관심을 갖게
된다. 왜냐하면 우리는 대통령 후보들이 종교적 가르침을 국가
적 수준으로 적용하고 있다는 의구심을 느끼기 때문이다.

간단하게 부시(Bush), 바우어(Bauer) 혹은 케이즈(Keyes)의
예를 들어보자. 케네디(John F. Kennedy)의 대선 운동을 회상
하게 할 정도로, 미국 정치 영역에서 조그마한 영향력에도 미
세한 관심을 보이는 사람들에 의해 모두들 철저한 정밀 검증을
견뎌내야만 했다. 하지만 이러한 두려움에 놀라는 사람은 거의
없다. 왜냐하면 이 두려움의 기원이 우리 문화 속에 깊이 뿌리
박혀 있기 때문이다. 그러한 발상은 이 땅의 신의 대리자, 즉 그

리스도의 대리자인 교황에게 복종하는 것이 너무나도 당연하
다고 인정되었던 시대로부터 비롯되었다. 그리고 이러한 관계
를 탐구하기 위한 많은 역사적 사건과 엄밀한 철학적 논쟁들이
있었지만, 그 기원은 성 토마스 아퀴나스의 가르침으로부터 찾
을 수 있다.

우리가 서구 문화에서 리더십의 철학적 기초를 검토하는 과
정에서 아우구스티누스와 아퀴나스 사이의 약 800년간의 지적
흐름을 간략하게 살펴보는 것은 매우 중요하다. 실제로 이 기
간은 암울한 억압의 세월이었다. 이성은 유기되었으며, 리더십
의 핵심적인 질문과 연계되는 통찰력은 거의 찾아볼 수 없었다.
인간의 본성은 무엇인가? 누가 이끌어야 하는가? 그 무엇이 인
간에게 타인으로부터 복종을 강요하게 하는 권리를 부여해주
는가? 로마 가톨릭 교회가 모든 문제에서 궁극적인 권위의 원
천이 되었기 때문에 신앙과 성직자, 믿음과 교리는 인간이 세
계에 대한 이해를 추구하는 유일한 통로가 되었다.

하지만 13세기말에 사회 진보를 위한 희미한 불빛이 떠오르
고 있었다. 봉건주의가 쇠퇴하기 시작했고, 지적인 빛의 미광이
수세기의 억압에도 불구하고 막 생겨난 몇 개 안 되는 대학을
중심으로 불꽃을 피우기 시작했다. 가장 중요한 일은 수세기
동안 아랍 문화에 의해 보전되었던 아리스토텔레스의 가르침
이 라틴어로 번역되어 서구 사상에 한 번 더 확산되기 시작했
다. 그 결과 스콜라 철학은 물질이 죄의 원인이 될 수 있다는
관념에 도전하기 시작했다. 그래서 그들은 타락한 본성(Fallen

Nature)이라는 개념에 반대 논쟁을 제기하기 시작했다. 이들의 대부분은 기독교와의 유대 관계를 유지했지만, 아우구스티누스의 가르침으로부터의 결별은 리더십에 대한 우리의 이해에 영향을 주는 중대한 변화를 가져왔다.

아리스토텔레스와 같이 아퀴나스는 현실주의자였다. 그는 관념적 존재를 믿었지만 그 관념이 알려주는 사실 또한 물질과 같다고 생각했다. 우리가 감각을 통해서 인식한다는 것은 플라톤 식의 실제 세계의 단순한 모방이 아니라는 아리스토텔레스의 전제에 공감했다. 그것은 그 자체로 실제 세계다. 그래서 아퀴나스는 신앙과 이성 간을 명확하게 구분했다. 그렇게 하면서 신앙과 이성은 동일한 진리에 이르는 두 가지 서로 다른 길이라고 가르쳤다. 그는 신앙과 이성은 모순된 것이 아니라 상호 보완적인 것으로 간주하여, 철학을 신학의 시녀라는 표현을 하기에 이르렀다. 그래서 그의 사상은 중요하다고 볼 수 있다. 왜냐하면 이러한 아퀴나스의 사상은 인간 스스로가 '존재의 위계(Hierarchy of Existence)'에서 스스로를 바라보는 방식에서 중요한 변화를 나타냈기 때문이었다.

인간의 본성에 관해, 아퀴나스는 인간의 목적을 행복하게 사는 것이라고 가르쳤다. 아리스토텔레스와 같이, 그는 행복이 세속적인 쾌락이나 부나 명예를 통해서 발견될 수 없다고 주장했다. 그럼에도 아퀴나스는 아리스토텔레스의 가르침을 뛰어넘어 행복은 진리와 덕을 통한 삶을 추구함으로써 달성될 수 있다고 결연히 주장하였다. 왜냐하면 감각을 통해서 독점적으로 얻어진 지식은 절대자를 이해하는 데 충분하지 않기 때문이다. 그래서 그는 인간 본성을 설명하기 위한 기제로서 신앙을 포함시켰다. 아퀴나스는 이성이 인간에게 제한된 형태의 행복을 제공할 수 있다는 것에 동의하였을지라도, 인간의 궁극적인 행복은 기쁨이 넘치는 비전을 통해서 천국에서만 성취될 수 있다고 가르쳤다. 『이교도 대전(*Summa Contra Gentiles*)』에서 아퀴나스는 자신의 결론에 대한 뒷받침을 신앙에 의존하고 있다.

인간은 일종의 탐구 과정을 통해서만 진리를 완전히 이해할 수 있다. 그리고 우리가 증명했던 것처럼 천성적으로 가장 지성적인 것들을 완전히 이해할 수는 없다. 그러므로 완벽한 본질 속에서 인간의 행복은 결코 가능하지 않다. 그러나 인간은 그러한 행복을 추구하고 있다. 심지어 이러한 삶에 대한 생각은 아리스토텔레스의 행복에 대한 견해인 것처럼 보인다. 그러므로 불운이 행복을 파괴하는지를 살펴보면서, 인간은 행복이 특별히 덕 있는 행위를 구성하는 것처럼 보인다고 생각하고 있으며, 자신의 인생 속에서 비록 완벽한 행복을 달성하지 못한 인간일지라도 인간적인 방식으로 나름대로의 행복을 느끼면 (제한되기는 하지만) 행복하다고 평가하게 된다.

* * *

그러므로 인간의 궁극적 행복은 그 생애를 마친 후 인간의 정신을 포괄하고 있는 신에 대한 지식을 아는 것과 유사한 지식 속에서 이루어질 것이다. 그래서 우리 주 하느님은 우리에게 하늘나라에서의 보상을 약속하고 있다(마태복음 5장 12절). 그리고 성인은 하늘에서 항상 신과 함께 있는 천사가 될 것이라고 그는 진술하고 있다(마태

복음 18장 10절, 22장 30절).[1]

심지어 아퀴나스가 인간의 궁극적인 행복은 신에 대한 명상에 있다고 가르쳤지만, 그의 정치 철학은 자연법에 근원을 두고 있었다. 인간에게 자연스럽고 본원적으로 마음이 끌리게 하는 것은 자연법이다. 이런 것들 중에서 이성에 따라 행동하고 싶어하는 것이 인간에게 해당된다.[2] 그는 기만, 탐욕, 죄 그리고 악이 사회적 관계의 중심에 놓여 있다는 아우구스티누스의 생각을 거부했다. 『왕권에 대하여(*On Kingship*)』에서 아퀴나스는 다음과 같이 설명하고 있다.

확실히, 이성의 빛은 모든 사람의 본성 속에 내재되어 있으며, 이는 인간으로 하여금 그 목적을 향하여 행동하도록 지도한다. 만약 인간이 혼자서 살려고 했었다면, 많은 동물들이 하는 것처럼 그의 목적을 향한 다른 요청을 받지 않았을 것이다. 각자의 인간은 높은 곳에서 그에게 주어진 이성의 빛에 따라 행동하도록 자신을 지휘하는 동안 가장 높은 왕이신 신의 지위 아래 스스로는 (작은) 왕이 되는 것이다. 하지만 어떤 다른 동물보다도 사회·정치적 동물인 인간이 집단을 이루어 살아가는 것은 자연스러운 것이다.

이와 같은 삶은 확실히 인간의 본성을 필요로 한다. 다른 모든 동

---

1) Thomas Aquinas, "Summa Contra Gentiles", in *Basic Writings of Saint Thomas Aquinas*, ed. Anton C. Pegis, 2 vols.(NY : Random House, 1944), 2 : 86-87.

2) Thomas Aquinas, "Summa Theologica" in *Basic Writings of Saint Thomas Aquinas* ed. Anton C. Pegis, ed., 2 vols. (NY : Random House, 1944), 2 : 277.

물들은 본성으로 생존을 위한 음식물, 피부 보호를 위한 털, 보호 수단으로서 이빨, 뿔, 발톱 등을 구비하며, 이러한 것들이 구비되지 않을 경우에는 적어도 도망을 위한 빠른 속도를 갖추고 있다. 반면에 인간은 이런 것들에 대한 자연스런 준비 없이도 스스로 그 자체로 존재할 수 있다. 왜냐하면 인간은 이러한 모든 것들을 대신할 수 있는 이성을 부여받았기 때문이다. 이성을 사용해서 인간은 수작업으로 자신을 위해 모든 것들을 얻을 수 있다. 현재 인간만이 자신을 위해 모든 것을 얻을 수 있는 것은 아니다. 왜냐하면 인간은 이성의 도움 없이는 삶을 내실 있게 살아갈 수 없다. 그러므로 인간은 많은 사람들과 함께 살아야 한다는 것은 당연하다.[3]

하지만, 상호 의존하는 이런 사회 안에서도 모두 사람들이 동등한 재능과 능력을 가지고 있는 것은 아니다. 아리스토텔레스와 같이 아퀴나스는 인간들 사이의 자연스런 계층 구조를 인정하고 있다. 어떤 사람은 다른 사람들보다 우월하다. 지혜롭고 덕이 있는 자유인도 있고, 자신을 위해 살지 못하고 타인을 위해 존재하는 노예들도 있다. 그러므로 『이교도 대전』에서 아퀴나스는 리더들에게 그들의 추종자로부터 복종을 강요하게 하는 권리를 부여하는 우선적인 특징으로 존경할 만한 지성을 바탕으로 한 이성적인 힘을 강조했다.

인간은 지능과 감각 그리고 육체적 힘을 가지고 있기 때문에, 신

---

3) Thomas Aquinas, *On Kingship*, trans. Gerald B. Phelan(Toronto : Pontifical Institute of Medieval Studies, 1949), p.4.

의 섭리에 따라 세계 속에서 관찰되는 질서와 유사하게 이러한 속성
들 간의 유기적인 질서를 부여받고 있다. 왜냐하면 육체적인 힘은
명령을 수행하는 것과 같이 감각과 지능을 가진 권력에 복종되고,
또한 감각적인 힘은 지적인 힘에 종속되어 있고, 그러한 과정에는
일정한 규칙이 있기 때문이다.

　같은 방식으로, 우리는 인간들 사이에서도 질서를 발견한다. 아리
스토텔레스가 『정치학』에서 말한 것처럼 지력이 뛰어난 사람들은
자연스럽게 통치자가 되는 반면, 덜 지적이지만 육체적으로 강한 사
람은 천성적으로 봉사를 하게 된다. 솔로몬(Solomon)이 말한 "어리
석은 자는 지혜 있는 자를 섬겨야 한다"는 말은 이 말과 일치한다(잠
언, 11 : 29). 출애굽기에 기록되어 있는 "다른 사람들을 재판할 수
있는 사람은 신을 경외할 줄 아는 지혜를 가진 사람들 중에서 준비토
록 하라"는 대목도 여기에 해당된다(출애굽기, 18 : 21-22).[4]

　아퀴나스는, 여성은 남성이 가진 '인간다움'에 동참할지라도
사회에서의 여성의 기능은 아주 다르다는 아리스토텔레스의
믿음을 공유하고 있다. 남자가 지적인 활동에 적합한 반면, 여
성은 재생산에 더 적절하다. 아리스토텔레스와는 달리 아퀴나
스는 특히 남자와 여자가 둘이 하나로 완성되는 것은 성교 행
위를 통해서라고 주장한다. 『신학대전(*Summa Theologica*)』에
서 신학적 이론으로 이러한 그의 철학을 뒷받침하고 있다.

　성서가 말하고 있는 것처럼, 여자는 남자를 돕는 조력자로서 창조

---

4) Thomas Aquinas, *Summa Contra Gentiles*, 2 : 152-153.

된 것은 부정할 수 없다. 그러나 실제로 다른 특정의 일을 함에 있어서는 남자가 오히려 다른 남자를 더 효과적으로 도울 수도 있기 때문에, 어떤 사람이 말한 것처럼 적어도 그러한 일에서는 여성이 동료가 될 수는 없다. 하지만 출산을 하는 일에서는 조력자다. (중략) 완벽한 동물들 중에서, 출산을 위한 적극적인 힘은 남성에게 속해 있고, 여성은 수동적인 힘에 속해 있다. 그리고 동물들에게는 대를 이어가는 것보다 더 숭고한 '생명력 있는 작용(vital operation)'이 있기 때문에, 인간들에게서도 이러한 작용은 남성과 여성의 '단순한 유대의 지속(continual union)'을 통해서 발견되는 것이 아니라 성교를 할 때 발견된다. 그래서 마치 식물의 경우에 남성과 여성이 항상 통합되어 있는 것처럼, 어떤 경우에 그들 중 하나가 우세하고 어떤 경우에는 다른 것이 우세할지라도, 남성과 여성은 성교에 의해서 하나가 된다고 생각할 수 있는 것이다. 하지만 남자는 삶의 더 숭고한 일을 하도록 규정되어 있고, 그것은 지적인 작용이다. 그러므로 남자의 역할에 대해서는 여성의 역할과는 구분해서 생각해야 하는 더 큰 이유가 있는 것이다. 그래서 남성과는 분리해서 여성을 나타내야만 한다. 그리고 이들은 출산을 위해서만 육체적으로 결합해야만 한다. 그러므로 성경에서도 여자를 만든 다음 바로 이렇게 기록하고 있는 것이다. 즉, "그리고 그들 둘은 한 몸이 되어야만 한다"(창세기, 2 : 24).[5]

남자와 여자가 창조된 목적에는 차이가 있으며, 더 나아가 아퀴나스는 여성의 개인적인 본성, 즉 여성성(womanness)은 결함이 있다고 주장한다. 여자는 잘못 태어난 남자다. 하지만 남

---

5) Thomas Aquinas, *Summa Theologica*, I : 879-880.

자와 여자의 공통적 본질에서 출산이라는 행동으로 인해 둘은
하나로 결합된다. 그럼에도 불구하고, 비록 성교를 통해 여성과
남성이 하나가 될지라도, 여성은 남성에게 복종하도록 창조되
었다.

　개인의 본성에 관하여, 여자는 결점이 있고 불운하게 태어났다.
왜냐하면 남성은 남성이 가진 적극적인 힘, 즉 남성적인 성징을 그대
로 답습해서 생겨나게 되지만, 여성의 경우 철학자가 관찰하고 있는
것처럼 습기가 있는 남풍의 그것처럼 적극적인 힘의 결핍이나 약간
의 물질적 결함(material indisposition), 혹은 어떤 외적인 영향으로
부터 비롯되었다. 반면에 보편적인 인간 본성에서 여성은 불운하게
태어난 것이 아니라, 출산하는 일을 지시받은 것으로써 인간 본성의
전체 의지에는 포함되어 있다. 본성의 보편적인 의지는 본성의 보편
적인 창조자인 신에게 달려 있다. 그러므로 본성을 만드는 데 신은
남성뿐만 아니라 여성 역시 창조하게 된 것이다.
　복종은 두 가지 형태로 이루어져 있다. 하나는 노예적인 것으로서,
우월한 사람이 자신에게 부여된 천부적인 재능을 가지고 노예를 거
느리는 것이다. 이러한 종류의 복종은 죄악의 개념이 도입된 이후
시작되었다. 한편, 또 다른 종류의 복종이 있는데, 이는 경제적 혹은
시민적 복종이라고 불리며, 뛰어난 사람이 자신의 이익과 선을 위해
서 그의 부하를 이용하는 것으로, 이러한 종류의 복종은 죄가 있기
전에 존재했었다. 어떤 사람이 자신보다 더 현명한 사람에 의해서
통치받지 않는다면, 인간 공동체에서의 질서라고 하는 선(善)이 부
족해질 수도 있었을 것이다. 이와 같은 이유로 여자는 천성적으로

남성에게 복종해야 되는 것이다. 왜냐하면 남자에게는 이성에 의한 통찰력이 주권을 장악하고 있기 때문이다.[6]

그러므로 인간 불평등의 이러한 계층 구조를 통해서 우리는 더 쉽게 리더십과 관련된 근원적인 질문에 대한 아퀴나스의 의도를 파악할 수 있을 것이다. 누가 이끌어야 하는가? 확실하게 아퀴나스의 답변은 우리들 사이에서 덜 지적인 사람을 염두에 두고 있지는 않다. 신체는 강하나 정신이 약한 사람도 포함되지 않는다. 대신, 우리 사회에서 모든 사람의 공공선을 이해하고 추구하는 지적인 능력을 가지고 태어난 사람인 자유 시민만을 포함시키고 있다.

하지만 자유 시민들 중에서는 누가 리더가 되어야 하는가? 아리스토텔레스의『정치학』에 대해 해석을 하면서 아퀴나스는, 다른 사람보다 큰 덕을 베풀 수 있는 능력을 소유하고 있고 위대한 선덕(善德)을 겸비하고 있어서 그 추종자들과는 본질적으로 다른 사람이라고 주장한다.[7] 그래서 우리는 가장 높은 선의 수준을 겸비한 사람이 당연히 지도자가 되어야만 한다고 쉽게 결론을 내릴 수 있을 것이다. 하지만 우리가 다음의 경우에서 확인할 수 있겠지만, 높은 덕을 가진 사람이라고 해서 항상 지도자가 되는 것만은 아니다.

---

6) Ibid., pp.880-881.
7) Thomas Aquinas, "Commentary on the Politics", in *Medieval Political Philosophy*, eds. R. Lerner and M. Mahdi (NY : The Free Press, 1963), pp.330-331.

그리고 아퀴나스는 하나(One)라는 숫자를 강조한다. 그는 소수에 의한 리더십이라는 말을 거의 쓰지 않으며, 다수에 의한 리더십이란 말은 더더욱 사용하지 않는다. 아퀴나스는 귀족 정치가 분열을 일으킨다고 설명한다. 민주 정치 제도는 부자들을 억압한다고 보았다. 아퀴나스는 『왕권에 대하여』에서 통일성이야말로 사회가 형성되는 가장 근본이 되는 이유이기 때문에 최고의 권위를 가져야 한다고 했다. 통일성이 없다면 우리는 평화를 향유할 수 없다. 통일성이 없으면 정의 또한 없다. 아퀴나스는 이와 관련하여 다음과 같이 주장하고 있다.

한 사회에서 형성된 다수의 복지와 안전은 평화라고 불리는 사회의 통일성을 보존하는 데 그 존재 목적이 있다. 만약 이것이 없어진다면 공동체적 삶의 이점은 없어지고 혼란 속에 있는 대중은 그 자체로 짐이 될 것이다. 그러므로 대중의 통치자의 중요한 관심은 질서 있는 평화를 확보하는 것이다.

* * *

벌들의 세계에서 단 한 마리의 왕벌이 있듯이 전 세계에는 하나의 유일신, 즉 만물의 창조주이자 통치자가 있을 뿐이다. 그리고 거기에는 합당한 이유가 있다. 모든 사람들은 유일적 존재로부터 유래되었다. 인공적인 것들은 자연적인 것들의 모방이며 예술 작품이 본질적인 것에 근접하는 것과 같이 한 사람에 의해서 통치되는 것은 보통 사람들을 위해서는 최고 통치 방식이다.[8]

---

8) Thomas Aquinas, *Kingship*, pp.11-12.

동시에 아퀴나스는 모든 지도자들이 다 정의로운 것은 아님을 인정하고 있다. 우리 사회와 조직에서 독재자들은 흔히 잔인하며 자만에 사로잡혀 있고, 자신을 추종하는 사람들을 희생시켜서 스스로의 이익을 추구한다. 비록 그렇다고 하더라도, 아퀴나스는 독재 자체가 나쁜 조건은 아니라고 가르쳤다. 독재는 통일성이 없는 것보다 나은데, 왜냐하면 통일성이 없다면 오직 혼란과 무질서만 있기 때문이다. 결과적으로 성 토마스 아퀴나스의 가르침은 독재에 대항하는 혁명은 아무런 도움도 되지 않는다는 것이다.

대신에 아퀴나스는 독재가 죄의 결과라고 가르쳤다. 독재는 신이 내린 벌이다. 따라서 독재에 대한 유일한 의탁이나 처리, 즉 해결 방법은 신의 손에 달려 있다. 신의 자비를 얻기 위해 독재자에게 복종하도록 되어 있는 사람은 불평해서는 안 된다. 혁명을 해서도 안 된다. 대신에 독재자를 섬기고, 죄에 대해 등을 돌리며, 죄의 사함을 얻기 위해 기도해야 한다.

하지만 신으로부터 죄의 사함을 보장받기 위해 사람들은 죄를 단념해야만 한다. 왜냐하면 선지자 호세아를 통해서 하느님이 "내가 분노하여 너희에게 한 왕을 줄 것이다"라고 말한 것처럼 사악한 사람들이 죄에 대한 벌로써 다스릴 권리를 받는다는 신적인 허용 때문이다. 『욥기』에서도 "하느님이 백성의 죄를 제어하기 위해서 위선자 한 사람을 만든다"고 기록되어 있다. 그러므로 전제 군주라는 재앙을 멈추기 위해서 죄가 없어져야만 한다.[9]

그래서 리더십의 관계에 대한 아퀴나스의 이해는 자연적인
것과 초자연적인 것을 혼합되어 있다. 효과적인 리더들은 천상
왕국에 자신을 일치시켜야 한다는 아퀴나스의 철학은 그의 신
학을 통해서 완전하게 보완되었다.

위에서 설명한 것처럼, 아퀴나스는 리더들이 진리와 덕을 추
구해야 한다는 것에 동의한다. 그럼에도 아퀴나스에게는 이 진
리와 덕이 감각적인 것을 통해 얻어질 수 있는 중간 목적들이
다. 이들은 이성을 통해서도 이루어질 수 있다. 하지만 인간성
의 궁극적인 목적은 신에 대한 묵상이며, 이 목적을 달성하기
위해서는 이성을 초월해야 한다. 단지 신앙만이 우리들에게 아
름답고 기쁨이 넘치는 비전을 허용한다. 그래서 인간으로서 우
리의 궁극적인 목적과 일치시키면서 세속 사회에서 가장 뛰어
난 지도자들도 이 땅에 있는 신의 왕국의 대표자인 그리스도의
대리자, 즉 로마 교황을 따라야 하는 것이다. 『왕권에 대하여』
에서 아퀴나스는 다음과 같이 설명한다.

덕이 있는 생활을 통해서 인간은 더 높은 목적을 결정할 수 있고,
우리가 위에서 말했던 것처럼 그 목적은 신의 즐거움으로 이루어져
있다. 결과적으로 공동체는 개별적 인간들처럼 그 나름대로의 목적
을 가져야만 하기 때문에, 고결하게 사는 결집된 대중이 궁극적인
목적이 아니라 고결한 생활을 통해서 하느님의 권능에까지 이르러
야 한다.

---

9) Ibid., p.29.

만약 이런 목적이 인간 본성의 힘에 의해 달성될 수 있다면, 왕의 의무는 인간의 방향을 그 목적에 포함시켜야만 한다. (중략) 하지만 인간은 신의 힘이 아니라 자신의 힘으로 신의 지배 목적에 도달하지 못하기 때문에(사도의 말에 의하면, 영원한 생명은 신의 은총을 통해서만 가능하다), 인간을 마지막 목적까지 지도하는 임무는 인간이 아니라 신의 영역이다.

* * *

그래서 영적인 것들과 세속적인 것들을 구별하기 위해서, 이 왕국의 내각은 세속의 왕들이 아니라 성직자들, 무엇보다도 최고의 성직자인 성 베드로(St. Peter)의 계승자이자 그리스도의 대리자인 로마 교황에게 위임되어 있다. 기독교 민족의 모든 왕들은 우리 주 예수 그리스도에게 복종하는 것처럼 교황에게 복종해야 한다. 왜냐하면 매개적 목적(intermediate ends)을 돌보는 데 적합한 사람들은 궁극적인 목적(ultimate end)을 돌보는 교황에게 복종해야 하고 그의 통치에 따라 지시를 받아야만 하기 때문이다.[10]

요컨대 우리는 리더십의 구도에 대한 아퀴나스의 이해를 더욱 명확하게 인식할 수 있을 것이다. 첫째, 모든 리더십은 신의 왕국의 가르침과 일치해야 한다. 둘째, 오직 선하고 넉 있는 자가 사람들을 이끌어야 한다. 그의 영토를 지배하는 왕, 노예를 지배하는 주인, 아이들의 아버지, 아내의 남편 그리고 모든 따르는 사람들은 복종해야 하는데, 왜냐하면 리더에게 복종하지 않는 것은 신에게 복종하지 않는 것과 마찬가지이기 때문이다.

---

10) Ibid., pp.60-62.

독재조차도 혁명과 분열보다 더 나은 것이다. 그리고 악하고 덕이 다소 부족한 사람이 권력을 잡을 경우, 이는 죄에 대한 신이 내리는 벌이라고 보아야 한다.

우리가 리더십을 이해하는 데 아퀴나스가 어떤 공헌을 했는가에 대해 더 많은 예를 찾았기 때문에, 아리스토텔레스의 영향 이상으로 더 살펴볼 필요가 없다. 그들의 철학에서 본래부터 차이가 있을지라도 많은 측면에서 그들의 사상은 유사한 점을 갖고 있다. 우리가 리더들은 현명하고 덕이 있어야 한다고 주장할 때, 예를 들면 리더들은 그들의 특별한 이기적인 이익을 추구하기보다는 모든 사람들의 가르침을 설명하려는 것이다.

유사하게도, 양쪽 거장 모두 리더십의 구도를 더 지적인 사람이 이끌어야 하고 덜 지적인 사람은 복종해야 한다는 자연스런 계층 구조로 보았다. 육체적인 용맹은 이성적인 힘에 굴복해야 한다. 여자는 남자의 규율에 복종해야 한다. 그리하여 우리가 출생 과정에서의 불평등을 정당화할 때 정치, 교육 제도, 조직의 위원회, 신성한 장소 혹은 군사 조직 안에서, 이 문제를 아리스토텔레스와 아퀴나스의 논의선상에서 확실히 다루게 될 것이다.

마찬가지로 조직에서의 단합이나 통일의 필요성에 관한 아퀴나스의 견해는 그의 생존 이전의 그리스 철학자들과 일치하였다. 조각난다는 것은 실패하는 것이다. 따라서 조직에서 통일성을 확고히 한다는 것은 리더들의 책임이다. 물론, 오늘날 서구 문명의 지도자들 중 독재가 통일성이 없는 것보다 낫다고 생각하는 사람은 드물다. 동시에 대다수 지도자들은 자신의 추종자들 사이에서 형성된 조직적 의견 차이를 허용하는 데 망설일 것이다. 대부분 상황과는 관계없이 지도자들은 자신에게 복종하도록 명령한다. 그리고 리더들은 관리적 절차에서 참여하도록 장려할지라도 조직 구조의 통일성 그리고 계층 구조의 위계 질서의 중요성에 대한 아퀴나스의 가르침에서는 의견을 같이 할 것이다. 그럼에도 불구하고 리더십에 대한 그들의 생각과 관련된 중요한 차이점 가운데, 아퀴나스는 고귀하고 덕이 있는 지도자들이 그들의 궁극적인 목적에 대한 명상과 기쁨이 넘치는 비전을 달성하기 위해서, 그리스도의 대리자의 통치에 복종해야 한다는 주장을 하고 있다. 확실히 그러한 주장은 아리스토텔레스와는 서로 맞지 않는 것인지도 모른다. 하지만 서구 사회에서 리더십의 구도라는 의미에서 그 개념은 수세기 동안 세속적이고 종교적인 리더들 모두에게 영향을 주었다는 사실이 중요하다. 심지어 민주주의와 평등주의가 풍미하는 이 시대에서조차도 종교적 고위 성직자들의 가르침에 기꺼이 복종하는 리더들이 발생하고 있음을 발견한다. 그렇지만 일반적으로는 자연적인 것에서부터 초자연적인 것으로의 초월, 스스로와 천국 사이의 연계성을 지각하는 리더들이 더 많으며, 그들은 자신의 종교적 신념과 조화롭게 사람들을 지도한다. 실제로 이러한 리더십은 아퀴나스의 사상과 보조를 같이 한다.

우리가 리더십을 깊이 이해하면 할수록, 아퀴나스의 가르침이 중요함을 자각하게 된다. 왜냐하면 그의 가르침들이 서구 사회에서 정치 사상의 연속성을 보여주기 때문이다. 그 가르침은 존재의 계층 구조에서 인간의 계속되는 자아 인식을 조명한 것이다. 또한 그의 가르침은 인간 본성에 대한 탐구를 인정하고 있다.

그럼에도 더 중요한 것은 그 가르침을 통해서 사람이라는 존재가 신앙에 단순히 복종하는 것 이상의 중요한 존재라는 우리의 믿음이 강조되면서, 이성과 자연법에 대한 더 깊은 존경심을 갖게 된다는 점이다. 결과적으로 아퀴나스의 가르침은 서구 사상의 진로를 바꾸는 개인주의 정신에 다시 불을 붙였다. 하지만 그 영향력이 나타나기 시작한 것은 이후 수세기가 지나서였다.

이제 다른 도전들이 발생하고 있다. 세계의 본질에 대한 덜 법치적인 접근을 하고자 했던 사람들은 아우구스티누스의 기독교적 사랑으로 회귀하기도 했다. 또한 인본주의와 합리주의가 충돌하기도 했다. 이성은 신앙에 그 지위를 내어주기도 했고, 다시 신앙이 이성에 그 지위를 내어주기도 했다. 하지만 13세기의 성 토마스 아퀴나스와 스콜라 철학자들 때문에 교리라는 족쇄로부터 점차 벗어나기 시작했다. 인간의 지성, 즉 인간의 이성은 암흑 시대의 억압적인 굴레에서 해방되어 자유롭게 되었다. 서구 문화는 역사상 중요한 의미를 가진 종교 개혁, 르네상스 그리고 계몽 운동으로 접어들게 된다.

제5장
토마스 홉스 : 왕권신수의 리더십

"천부적으로 인간은 모든 사물에 대한 권리를 갖고 있다."
— 토마스 홉스(Thomas Hobbes)

아마도 서구 문명사를 통해 두 번째 천 년의 중간 세기보다 더 풍부하고 계몽적인 시기는 없을 것이다. 리더십의 철학적 기초를 검토하면서, 우리는 성 토마스 아퀴나스의 시대에서 토마스 홉스의 시대로 이동해감에 따라 그 지적 배경이 점차 나아지고 있음을 알 수 있다. 17세기 구텐베르크는 성서를 인쇄할 수 있었고, 콜럼버스는 아메리카를 발견하게 되었으며, 미켈란젤로는 다비드상(像)을 완성하였다. 마키아벨리는 권력에 대한 그의 강연을 통해 정치계를 뒤흔들어놓았다. 루터는 비텐부르크에서 95개의 종교 개혁 조문을 선포하였다. 헨리 8세는 스스로를 영국 교회의 수장이라고 선포하였으며, 셰익스피어는 『햄릿』을 저술하게 되었고, 코페르니쿠스와 갈릴레오 그리고

케플러는 우주 속에서 인간의 위치에 대한 새로운 이해를 제공
하게 되었다. 종교 개혁, 르네상스 그리고 비약적인 과학 혁명
이 인간의 정신과 영혼을 밝게 비추어주었다. 리처드 타너스
(Richard Tarnas) 교수는 『서구 정신의 열정』에서 이 시기에
대해 다음과 같이 상세히 묘사하고 있다.

> 16세기에서 17세기 사이에, 서양은 자아 의식이 강하고 매우 자율
> 적인 인간의 출현을 맞이하게 되었다. 이 인간은 세계에 관해서 호기
> 심이 많았고, 자신의 판단을 확신하며, 전통적 신념에 대해서는 회의
> 적이고, 권리에 대해 반항하며, 자신의 신념과 행동에는 책임을 지
> 며, 고전주의적 과거에 매료되어 있었지만 더 원대한 미래에 대해서
> 헌신적이며, 자신의 인간성을 자랑스러워하고, 자연과 인간이 다르
> 다는 점을 인식할 줄 알며, 개별적 창조자로서 예술적인 힘을 자각하
> 고, 자연을 이해하고 통제할 자신의 지적 능력을 확신하고, 전지전능
> 한 신에 대해서는 과거에 비해 덜 의존적이었다.[1]

우리는 토마스 홉스에게서도 이와 같은 세계를 발견하게 된
다. 지적인 호기심과 개인적인 책임의 원동력은 인간이 어떻게
스스로와 타인에 대한 관계를 인식하는가에 대한 새로운 이해
를 하게 했다.

홉스는 그 자신의 철학 용어로 진단해볼 때 이성주의자였다.
프란시스 베이컨(Francis Bacon)의 귀납적 경험주의에 의해 영

---

1) Richard Tarnas, *The Passion of the Western Mind* (NY : Ballantine Books, 1991), p.282.

향을 받고 있었기 때문에, 그는 우주의 본질에 관해 어떠한 가정도 하지 않았다. 그리하여 그는 이성주의가 자연과학에서 진리를 밝히는 데 성공했기 때문에, 과학적인 방법이 인간 관계에서도 동일하게 성공적으로 적용될 수 있다고 주장했다. 홉스는 자연법 속에서 인간 사이의 리더십에 대한 입장을 정립하고자 했다.

그래서 홉스는 플라톤과 아리스토텔레스 모두의 가르침을 비웃었다. 홉스에게는 이데아적인 것도 초월적인 것도 없었다. 보편적인 것은 신과 아무런 관계가 없는 단순히 정신적인 구조물들이었다. 홉스는 철학과 신학을 명확히 구별했으며, 만약 우리가 본성을 이해하기 위해서는 이성에 의지해야만 하고, 신에 관하여 알고 싶다면 신앙과 계시에 의존해야만 한다고 가르쳤다. 그는 형이상학과 형이하학을 분리했다. 결과적으로 홉스의 철학은 구체적 경험을 가진 비개체적 세계만을 다루었다.

홉스는 마키아벨리로부터 많은 영향을 받았다. 왜냐하면 그는 인간의 궁극적 목적과 최종적 결말을 주장하는 정치 철학을 거의 믿지 않았기 때문이다. 홉스는 인간이 당연히 해야만 하는 것에 대한 아무런 전제를 하지 않았다. 대신 그는 인간이 하는 일에 관해서 자신의 경험적 관찰에 근거하여 결론을 내렸다. 덕(virtue)과 선(goodness)은 절대적인 것이 아니라 사람의 경험에 의한 상대적인 것으로 간주되었다. 어떤 사람에게 선한 것은 다른 사람에게 악한 것일 수 있다는 것이다. 그래서 홉스는 인간이란 최종적인 목적과 일치되게 행동하지 않는다고 결

론지었다. 오히려 인간들은 쾌락을 추구하고 고통을 회피하고
자 한다. 인간들은 그 본성의 열정에 의해 움직이며, 이런 열정
이 사회 제도를 형성하는 원인이 된다.

그러므로 홉스는 인간을 집단적으로 덕과 신에 대한 묵상을
하도록 하는 정치적 동물로 보았던 성 토마스 아퀴나스의 가르
침을 거부하려고 했을 것으로 기대된다. 대신에 홉스는 본성의
순수한 상태에는 어떤 덕도 존재하지 않는다고 주장했다. 왜냐
하면 거기에는 선과 악이 없기 때문이다. 만인은 만인의 적이
될 수 있다. 홉스는 인간이란 지속적인 두려움의 상황 속에 살
고 있으며 죽음을 피하려고 하기 때문에 서로 경쟁하게 된다고
가르쳤다. 『리바이어던』에서 그는 원시 인간의 세계를 다음과
같이 묘사하고 있다.

그러한 상황 속에서는 아무리 열심히 노력해도 소용이 없다. 왜냐
하면 그것의 결과가 불확실하기 때문이다. 결과적으로 지구에는 문
화도 없고 항해도 없을 것이며, 바다를 통해 수입되는 상품을 이용할
수도 없을 것이다. 높고 넓은 건물도 없을 것이고, 힘센 기중기도 없
을 것이고, 지표면에 대한 지식도, 충분한 시간도, 예술·문학·사회
도 없을 것이다. 대신에 지속적인 두려움과 폭력적인 죽음에 대한
위험만 도사리게 될 것이다. 인간의 삶은 고독, 가난, 비열, 야성만이
가득한 매우 불충분한 상태가 될 것이다.[2]

---

2) Thomas Hobbes, *Leviathan* (NY : Collier Books, Macmillan Publishing
Company, 1962), p.100.

하지만 흥미롭게도 홉스는 계속되는 전쟁과 갈등의 이런 상태를 인간들 사이의 불평등이라는 조건 탓으로 돌리지는 않는다. 그는 어떤 사람이 타인보다 우월하게 태어났으므로, 이들이 더 적은 재능과 능력을 가지고 태어난 사람들을 종속시키려고 한다고 주장하지도 않는다. 이와는 반대로 홉스는 불평등이 아니라 평등이 인간 투쟁의 핵심에 놓여 있다고 주장한다. 모든 인간은 평등하기 때문에 그들의 필요를 충족할 수 있다고 믿는다. 인간은 또한 평등하기 때문에 어떤 사람도 다른 사람의 노예가 되지 않는다. 홉스는 이에 대해 다음과 같이 설명한다.

자연은 인간에게 신체와 정신의 기능 면에서 평등을 부여했다. 간혹 신체적으로 특정 인물이 확실히 더 강할 수도 있고 정신적으로 더 영리할 수도 있겠지만, 모든 점들을 고려해볼 때 사람과 사람 사이의 차이는 그렇게 크지 않다. 이와 마찬가지로 특정 인물이 어떤 이익을 주장할 때도 다른 사람의 주장과 크게 차이가 나서는 안 된다. 육체적으로 아무리 약한 신체를 가진 사람일지라도 비밀스런 계략을 통해서나 자신과 동일한 위험에 처해 있는 다른 사람들과 협력하여 가장 강한 사람을 죽일 수도 있다.

언어적인 술사의 문제를 배제한다면 정신적인 능력 또한 과학이라고 불리는 일반적이고 절대 오류가 없는 통치 기술에 근거할 수는 없다. 사람들은 이와 같은 무료적인 능력을 가지지 못했고 태어나면서 가지는 천부적인 재능을 완전히 구비하고 있지는 못하기 때문에 더욱 신중하게 접근해야 한다. 하지만 나는 힘의 평등보다도 사람들 사이에서 더 큰 평등을 발견한다. 왜냐하면 신중함은 단지 경험이기 때문이다. 그리고 모든 인간들에게 동일하게 부여된 평등한 시간이 있고, 사람들은 스스로 이런 것들을 실생활에 동일하게 적용한다.[3]

하지만 이런 평등에도 차이와 불신은 있다. 왜냐하면 두 사람이 같은 것을 동시에 원할 경우 한 사람이 아무리 육체적으로 강하고 정신적으로 우월하다고 하더라도 그들은 서로에게 적이 된다. 결과적으로 인간들은 그것이 가지고 있는 모든 것을, 그것이 그들의 소유물이거나 그들의 생명이든 간에, 원할 것이라는 두려움 속에 살게 된다. 그래서 자연 상태의 인간은 결코 안전할 수가 없다. 그곳에는 믿음과 기쁨 그리고 정의도 있을 수 없다. 단지 두려움만 존재한다. 홉스는 마키아벨리의 주장을 지지하면서 인간의 참상을 다음과 같이 묘사한다.

만인에 대한 만인의 투쟁에서 이것(인간의 참상)은 필연적이다. 어떤 것도 정당하지 않은 것은 없기 때문이다. 옳고 그름, 정의와 불의라는 관념이 거기서는 존재하지 않는다. 상식적인 힘이 없는 곳에는 법도 없다. 법이 없는 곳에는 불의도 없다. 투쟁 과정에서 오직 중요한 것은 무력과 기만이다. 정의와 불의는 육체나 정신의 기능 중 어떤 것도 아니다. 만약 이 기능들이 존재했었다면, 이것들은 인간의 감각과 열정뿐만 아니라 보편적인 세계로부터 고립된 인간 속에서나 존재했었을 것이다. 이것들은 자질이며, 이 자질들은 고독 속에서가 아니라 사회 속에 있는 인간들과 관련되어 있다. 그것은 역시

---

3) Ibid., p.98.

동일한 조건에 대한 당연한 결과이고, 거기에는 재산, 지배, 나의 것과 너의 것의 구별이 없다. 단지 그가 그것을 유지할 수 있기 때문에 오랫동안 얻게 되는 것은 모두 인간의 것이 되는 것이다.[4]

원시 인간들은 전쟁이라는 자연 상태를 회피하기 위해 평화를 추구하게 되었다고 홉스는 가르쳤다. 두려움과 희망은 사람들과 친구들이 스스로를 상호 보호하기 위해 협력하도록 했다. 다음은 이와 관련된 내용이다.

평화를 위한 인간의 열정은 죽음에 대한 두려움에서 비롯된 것이며, 편리한 생활을 위한 욕망이며 희망이다. 그리고 인간은 이성을 통해 편리한 평화 조항을 만드는 데 동의하게 된다. 이 조항들은 달리 표현하자면 자연법이라고 할 수 있다.[5]

하지만 홉스의 자연법은 고대 그리스 시대의 것과는 달랐다. 홉스의 자연법은 근대 시민법에 영향이나 영감을 주지 않았다. 정의를 평가하기 위한 신적인 계시도 없었다. 실제로, 많은 사람들은 홉스의 자연법은 전혀 법률적이지 않았다고 주장한다. 자연법은 권리에 관한 규정이다. 따라서 자연법은 금하지 않는다. 자연법은 자유를 제공한다. 자연법은 인간 자유의 원천이다.

권리와 법률을 구별하면서, 모든 사람이 자기 보존을 위해 필

---

4) Ibid., p.101.
5) Ibid., p.102.

요한 어떤 것을 할 권리를 가진다고 홉스는 주장했다. 이 권리
가 홉스가 첫 번째로 주장하는 자연법이다. 어떤 사람이나 사
회적 기관도 이 자유를 부정할 권위를 가지고 있지 않다. 그러
므로 모든 사람은 자유를 주장하기 위해 모든 것을 할 권리를
가진다고 홉스는 결론을 내린다. 홉스는 『리바이어던』에서 다
음과 같이 설명한다.

> (전략) 인간의 조건은 만인에 대한 만인의 투쟁이다. 그 조건에서
> 모든 사람은 자신의 이성에 의해 통제되며, 적에 대항해서 그의 생명
> 을 보존하는 데 그가 이용할 수 있는 것은 아무것도 없으며, 이것이
> 그에게 도움이 되지 않을지도 모른다. 그런 조건에서 모든 인간은
> 모든 것에 대한 권리를 갖는다. 심지어 서로의 신체에 대한 권리도
> 갖는다. 그러므로 만인에 대한 만인의 자연스런 권리가 지속되는 동
> 안 그가 아무리 강하고 현명할지라도 자연이 통상 사람들에게 살도
> 록 허용하는 그 시대를 살면서 누구에게도 안전은 존재하지 않는다.
> 결과적으로 사람이 안전을 얻으려고 하는 희망을 가지고 있을 동안
> 에 만인은 평화를 얻기 위해 노력해야 하며, 그가 안전을 얻을 수
> 없을 때 그는 모든 전쟁을 통해 제반 도움과 이익을 추구해야만 한
> 다. 이것이 이성의 일반적인 규칙이요 교훈이다. 여기서 중요한 것은
> "평화를 찾고 따른다"는 부분과 "우리가 할 수 있는 모든 수단을 통
> 해서 스스로를 방어한다"는 것이다.6)

이런 전제로부터 홉스는 두 번째 자연법을 이끌어냈다. 즉,

---

6) Ibid., pp.103-104.

"사람은 모든 것에 대한 권리를 규정하기 위해 그가 필요하다고 생각하는 평화와 자기 방어를 추구하려고 한다. 그리고 타인이 그에게 반대하는 것을 허용하는 것처럼, 그는 많은 자유를 가지고 타인들의 주장에 대해 반대하는 것에 만족해한다."[7]

간단히 말하자면, 인간의 원시 상태에서 우리는 지속적인 두려움 속에 살았고, 그래서 우선 자연은 우리에게 자기 방어를 위해 필요한 어떤 것을 할 수 있는 권리와 자유를 제공해주었다고 홉스는 결론지었다. 동시에 홉스는 평화를 얻기 위해서 자연이 인간에게 이런 권리를 무시하거나 서로에게 해를 끼치지 않도록 동의하는 계약을 형성할 자유를 제공한다고 보았다. 홉스는 황금률을 다시 풀어쓰면서, 타인이 자신에게 하지 않도록 하는 것을 타인에게 하지 않는 것이 인간에게는 당연한 것이라고 주장했다. 홉스에 의하면, 사람은 두 방식 중 하나로 그가 원하는 것을 할 권리를 무시할 수 있다. 즉, 포기에 의하거나 양도에 의한 것이다. 만약 인간이 자신의 권리를 포기하는 데 동의한다면 그는 단순히 그것을 포기한다. 계약에서 모든 것은 동일하다. 반대로 우리는 우리를 방어할 수 있다고 믿는 다른 사람에게 우리의 권리를 기꺼이 양도할 수 있다. 하지만 일단 권리가 타인에게 양도된다면 그 계약은 파기될 수 없다. 우리의 권리를 양도한다면 거기에 복종하는 것은 우리의 의무다.

그럼에도 불구하고 홉스는 특정의 권리는 협상할 수 없다고

---

7) Ibid., p.104.

가르쳤다. 예를 들자면, 어떤 인간도 스스로에게 해롭다고 지각하는 것을 하도록 강요받을 수는 없다. 어떤 인간도 체포나 감금에 저항하는 그의 권리를 남에게 맡길 수 없다. 어떤 인간도 다른 사람에게 상처를 주도록 요청 받을 수는 없다. 이와 관련하여 홉스는 다음과 같이 설명한다.

> 그러므로 인간에게는 권리가 존재한다. 어떤 사람이라도 특정 단어나 표시를 해서 자신의 권리를 포기했다거나 양도했다고 할 수 없다. 인간은 단어나 표시를 거부하는 권리를 규정할 수 없기 때문에, 그러한 단어와 표시들은 인간의 생명을 빼앗을 정도로 매우 강압적인 공격을 할 수도 있다.
>
> 똑같은 상황이 부상, 속박 그리고 투옥의 경우에서도 일어날 수 있다. 왜냐하면 인간들이 폭력을 사용해서 계속해서 싸우고 있을 때, 그들이 서로 죽일 의도가 있었는지 여부를 잘 알 수 없는 것과 마찬가지로 다른 사람이 고통을 받거나 투옥되는 것을 참고 견딜 만큼 가치가 없을 뿐만 아니라 말할 가치도 없기 때문이다.[8]

그러므로 인간이 타인에게 자유에 대한 권리를 기꺼이 양도하는 이 계약은 홉스가 말하는 사회의 기초라고 할 수 있다. 이것이 홉스의 시민법의 기초다. 이 글의 목적에 비추어볼 때, 이것이 리더십의 기초다. 왜냐하면 이러한 권리들을 양도받은 사람들은 보호를 원하는 사람들로부터 복종을 명령할 전권을 가

---

8) Ibid., p.105.

지고 있기 때문이다.

하지만 사람의 권리가 주권자에게 양도될지라도 리더가 사회 계약의 부분이 아니라는 것은 유념해야만 한다. 왜냐하면 계약은 그 계약에 기꺼이 동의한 사람들, 즉 보호받기로 되어 있는 사람들 사이에서만 단지 존재하기 때문이다. 게다가 주권자가 법을 만들지라도 그는 법 위에 있다. 왜냐하면 그의 권위에 이의가 제기되어서는 안 되며, 그의 결정에 대항하여 어떠한 도전도 해서는 안 되기 때문이다. 주권자가 만인에 대한 만인의 투쟁 과정에서 공동체를 더 이상 보호할 수 없을 때까지 자신의 권위를 유지하게 된다. 홉스는 다음과 같이 설명하고 있다.

외국의 침략과 도전으로부터 공동체를 지켜내고 이를 통해서 사람들의 근면함과 땅의 열매를 안전하게 할 수 있는 것과 같이, 그러한 공동체의 힘을 바로 세우는 유일한 방법은 사람들이 스스로 보호하고 만족한 생활을 하는 것이다. 즉, 특정의 한 사람이나 과반수의 여론을 통해 모든 사람들의 의지를 하나의 의지로 환원시킨 의회에 모든 권력과 힘을 부여하는 것이다. 그것은 한 사람이나 사람들의 의회가 그 공동체 구성원들을 부양하는 것과 같은 것이다. 모든 사람은 그들을 실제 부양하거나 그러한 원인이 되는 어떤 것의 원천(author)이 된다는 점을 인정한다. 그리고 인간은 공동의 평화와 안전 그리고 이와 관련된 것들 속에서 행동하게 될 것이다.

그리고 그 과정에서 모든 사람을 그 대표자의 의지와 판단에 종속시키게 된다. (중략) 이는 마치 만인이 만인에 대해 다음과 같은 관계에 있는 것과 같다. 즉, "그대가 그(대표자)에게 그대의 권리를 넘기고 마찬가지로 모든 그의 행동을 정당하다고 인정한다는 전제 하에, 나는 스스로를 통치하는 것에 대한 정당성을 인정하고 이 대표자나 의회에 나 스스로를 통치하는 권리를 양도한다."[9]

사회 제도의 이러한 자연적 발전을 이룩하면서 리더십에 대한 다음의 질문에 대한 해답은 더 명백해진다. 즉, "누가 리드해야만 하는가? 무엇이 한 사람에게 타인으로부터 복종을 강요하도록 하는 권리를 부여하는가? 리드를 당하는 사람들의 권리는 무엇인가?" 요컨대 홉스에게 누가 리드해야 하는가의 문제는 공동체를 보호할 사람의 능력에 따라 결정된다. 인간의 두려움이 그들로 하여금 다른 사람에게 복종하게 한다. 리더십은 추종자의 반대자뿐만 아니라 추종자 자신을 보호하는 사람의 능력에 오로지 근거를 두고 있다. 그리고 양도할 수 없는 개인의 자유를 제외하고는 추종자의 권리는 주권자에 의해 박탈된다. 심지어 그 리더가 독재자라고 할지라도 사람들은 경의를 표해야만 한다. 왜냐하면 홉스의 말에 따르면 독재는 초기 상태의 인간 조건보다 오히려 바람직하기 때문이다. 이에 대해 홉스는 다음과 같이 설명한다.

사람들은 무제한적인 권력의 나쁜 많은 결과들을 우려할지도 모른다. 이웃에 대한 만인에 대한 만인의 영구 투쟁의 권력이 부족하게

---

9) Ibid., p.132.

된다면 그 결과는 더 나쁘게 될 수도 있다. 이런 생활을 하는 인간의 조건은 결코 불편함이 없이는 불가능하다. 하지만 어떤 국가에서도 큰 불편함은 발생하지 않는다. 그러한 조건은 백성의 불복종과 계약 파기에 선행하며, 공동체가 그 존재성을 가지게 되는 것보다 선행한다. 그리고 주권을 매우 크게 생각하는 사람들은 누구나 국가의 권력을 작게 만들려고 할 것이며, 그것을 제한할 수 있는 권력, 즉 더 큰 권력에 스스로를 복종해야만 한다.10)

물론 홉스는 이 계약의 복종을 개인적 권리, 즉 개인의 자유에 대한 침해라고 생각하지 않았다. 왜냐하면 홉스는 우리의 선천적인 적으로부터 스스로를 보호하기 위해 우리가 기꺼이 해야만 한다고 믿었기 때문이다. 우리가 두려움 때문에 권리를 양도하지 않으려고 할지라도 그렇게 해야만 한다. 즉, "사람들은 배가 침몰한다는 두려움이 있으면 자신의 소유물을 기꺼이 바닷물에 던진다. 또한 그가 원한다면, 그렇게 하는 것을 거절할 수도 있다. 즉, 그러한 행동은 자유이기 때문이다."11) 마찬가지로 한 국가에서도 사람들은 공동체의 자유로운 평화를 리더로부터 보호받기 위해 그들의 천부적인 자유를 양도한다.

그런 합의가 아무리 기분 나쁘고 처량하게 보일지라도, 홉스의 말에 따르면 인간의 가장 위대한 자유는 법이 아니라 법의

---

10) Ibid., p.157.
11) Ibid., pp.159-160.

침묵(the silence of law) 속에 깊이 간직되어 있다는 언급에 유념해야 한다. 즉, "주권자가 어떤 법을 규정하지 않은 경우에도, 백성은 자신의 재량에 따라 지속할 수도 그렇지 않을 수도 있는 자유가 있다"고 홉스는 설명한다.12) 요약하자면, 반대되는 법이 없는 한 추종자들은 그들이 원하는 어떤 것을 자유롭게 할 수 있다. 그래서 그의 사회 계약은 우리의 매일 매일의 삶을 거의 침해하지 않는다. 왜냐하면 우리의 활동 대부분에서 우리의 행위에 반하는 법은 존재하지 않으며, 또한 침묵하는 동안 우리 역시 자유롭기 때문이다.

우리 사회에서 리드를 해야만 하는 사람들이 우리의 질문에 대한 답을 하는 데에 홉스는 남녀 간의 구별을 하지 않았다. 홉스는 남성이 노동과 위험한 일을 하는 데 더 적합하다고 생각했을지라도, 그 역시 인간은 평등하다고 주장했다. 또한 홉스는 남성이 더 뛰어난 지배 역량을 갖추고 있다고 하는 주장에 대해 잘못이라고 지적하기도 했다. 왜냐하면 남녀 간에 힘이나 신중함의 차이는 거의 없기 때문이다. 이로 인해 홉스는 전쟁을 통하지 않더라도 권리는 분배될 수 있다고 보았다.13) 여성은 두려움을 서서히 주입하는 능력에서 남성만큼 능력이 있다.

하지만 리더십의 양자 관계에 대한 홉스의 설명을 이해하는 데에서 표면적으로 한 사회에서 종교의 자유가 관대하게 다루어져서는 안 된다고 단언한 점은 설득력이 떨어진다. 많은 사

---

12) Ibid., p.166.
13) Ibid., p.152.

람들은 홉스의 동기에 의문을 제기했을지라도, 홉스는 『리바이어던』 후반부에서 왕이 지상에서 신의 유일한 대변자라고 기술하고 있다. 이러한 제안은 무신론적 전체주의라는 비난을 받았던 이성주의자에게는 적절한 것처럼 보이지 않는다. 실제로 대중이 왕에 대항하는 반란 상태에 있을 때, 그런 원칙은 종교적 혼란 시기의 홉스에게는 해당되지 않는다고 비평가들은 주장한다.

홉스의 가르침은 서구 사회에서 왕권신수라는 개념을 발생시켰다. 홉스는 로마 교황의 공격에 대항해서 왕을 옹호하면서, 왕의 권위는 신의 권위라고 주장했다. 이 말에 이의를 제기할 수도 없다. 더 높은 권력에 호소할 수도 없다. 왕에게 불복종하는 것은 곧 신에게 복종하지 않는 것이다. 다음은 이와 관련된 홉스의 설명이다.

그러므로 대사제와 장로들이 "너는 무슨 권세로 이 일들을 행하며 누가 너에게 이 권세를 주었는가"라고 우리의 구세주에게 물었던 것처럼(마태복음 21장 23절), 인간이 직무를 수행하는 데 성직자에게 질문을 하게 된다면, 성직자는 공동체를 대표하는 왕이나 의회가 부여한 권위를 가지고 대답을 한다. 최고를 제외한 모든 성직자들은 시민 주권(jure civili)의 권리로 자신의 책임을 완수한다. 하지만 왕, 그리고 모든 다른 군주는 신으로부터 부여받은 즉각적인 권위, 즉 신의 권리 혹은 신적 주권(jure divino)에 의해서 최고 성직자의 직무를 수행한다. 그러므로 왕을 제외한 누구도 그들의 명칭에 왕들이 신에게만 복종하는 표징, 즉 신의 은혜에 의한 왕(Dei Gratia rex) 등과 같은 표현을 할 수 없다.[14]

의심의 여지없이, 우리가 리더십을 이해하는 데 토마스 홉스의 영향은 중요하다. 왜냐하면 서구 문명에서 홉스는 리더십의 양자 관계에서 추종자들 사이의 계약, 즉 인간성의 어두운 측면에 근거를 둔 계약을 최초로 고안한 한 사람이기 때문이다. 홉스는 군주에 대한 마키아벨리의 실제적인 충고를 인간 관계에 대한 체계적 담론으로까지 확장시켰다. 홉스의 작품을 읽을 때 우리는 선, 미 혹은 이타주의라는 것을 거의 발견하지 못한다. 대신 우리는 적대감, 혼동 그리고 갈등을 발견하게 된다. 홉스에 따르면, 리더십은 공공선에 대한 비전에 근거를 두지 않는다. 리더십은 두려움과 기만에 근거를 두고 있다. 리드하는 사람의 능력은 자신을 추종하는 사람들을 보호할 수 있는 능력이라는 점에서 평가되어야 한다. 많은 방식에서 홉스의 리더십은 아우구스티누스의 『신국론』에 등장하는 '인간 도시(City of Man)' 개념에서 제시된 리더십과 유사하다. 이 리더십은 기만과 절망에 근거를 두고 있다.

확실히 더 선진화된 문화를 가진 사회에서는 홉스의 리더십 양자 관계에 관한 예들이 점점 줄어들고 있다. 서구 국가들은 리더들의 권위를 왕권신수설에 거의 근거를 두지 않는다. 그럼에도 불구하고 많은 리더들은 토마스 홉스의 군주와 유사한 방

---

14) Ibid., pp.394-395.

식으로 그들의 회사와 조직에서 권위적인 자세를 취한다. 그들은 이기적이며 방종적이다. 그들의 관심사는 고용하고 있는 사람들의 복지가 아니다. 그들의 관심의 근원이 두려움이나 기만에 있다고 할지라도 그들은 권력을 유지하는 것이 주된 관심사다. 그들은 백성들에게 맹목적인 순종을 명령한다. 그들은 자신들의 리더십에 대해 문제 제기를 원하지 않는다. 왜냐하면 도전받는 권위는 혼동으로 이어질 수 있고 그러한 상태에서는 직업이나 사람 모두 적절하게 보호받지 못하게 된다는 그들의 신념 때문이다. 『리바이어던』에 언급된 것처럼, 피고용자들은 이런 권위적인 조직에서는 자유를 거의 갖지 못한다. 왜냐하면 관리사가 생각하기에 개인들은 고용 조건으로써 그들의 권리를 제쳐놓고 있기 때문이다. 경영에 의해 부과되는 피고용인으로서의 권리는 관대하게 다루어지지 않고 있다.

하지만 좀더 발달된 서구 사회를 제외한 사회에서도 전체주의는 쇠퇴하기 시작하고 있는 것처럼 보인다. 두려움에 근거하기보다는 효율성 측면에서 더 생산적이라고 증명되고 있는 참여와 대표 임명에 기본을 둔 리더십 양식이 동기 도구로서 더 자주 사용되고 있다. 추종자들은 위협받지 않는다. 그들은 존경받는다. 그들은 강요받지 않는다. 그들은 개인의 재능을 계발하도록 교육받고 용기를 부여받는다.

그럼에도 불구하고 리더들은 우리 사회의 변두리에 살고 있는 사람들의 인간으로서의 천부적인 두려움을 이용하는 노동 착취를 계속하고 있다. 그들의 시민적 권위와 신적 권위를 연결하는 리더들은 계속해서 존재하게 된다. 인간 관계에서 만인에 대한 만인의 투쟁의 관점을 계속해서 옹호하는 사람들도 계속 존재한다. 그러한 리더들이 정치 조직, 법인, 종교 집단 혹은 다른 사회 기관에서 제각기 역할을 다하고 있을지라도, 그들의 리더십에 대한 철학적인 기초는 토마스 홉스의 저작까지 직접적으로 거슬러 올라간다.

하지만 홉스의 가르침은 가치 없는 것은 아니었다. 자연법과 개인의 권리에 대한 홉스의 이해는 분명 도전을 받았다. 사회 계약의 의미가 재논의되었다. 왜냐하면 종교 개혁과 르네상스가 가져온 정치 사상에서 혁명은 토마스 홉스와 더불어 끝난 것이 아니었기 때문이다. 단지 서구인의 계몽은 시작되었을 뿐이었다. 이후 홉스를 따르는 사람들은 리더십의 양자 관계에 대한 우리의 이해를 새롭게 했다. 그의 사상적 영향력은 전 유럽을 통해서 기존의 권위를 위협했을 뿐만 아니라 미국 혁명의 불길에 기름을 붓는 결과를 초래했다.

제6장
존 로크 : 특권의 철폐

> "이성에 따라 살아가는 인간은,
> 권위 있는 범상함을 구비하지 않더라도
> 정확히 자연 상태에 놓여 있다."
>
> ― 존 로크(John Locke)

리더십의 철학적 토대를 이해하기 위한 우리의 연구에서 17세기는 새로운 사상을 연구하는 데 가장 비옥한 환경을 제공하고 있다. 17세기가 도래할 때까지, 서구 정신의 지적인 각성은 유럽의 정치적인 영역 안에서 폭발적인 수준에 도달했었다. 예를 들자면, 영국에서 50년 동안 의회는 왕을 무시했고, 이로 인해 크롬웰은 죽게 된다. 찰스 2세는 왕위를 다시 찾았다. 오렌지의 윌리엄은 제임스 2세에 대항해서 명예 혁명을 일으켰고, 왕권은 윌리엄과 메리에게로 넘어갔다. 영국 의회에서는 권리 장전이 통과되었고, 이로 인해 영국에서의 왕권신수는 폐기되었다. 영국은 서구 세계에서 최초로 중요한 입헌군주국이 되었다. 리더십의 양자 관계에서 권력과 권위는 쇠퇴되었다.

존 로크의 글『시민 정부에 관한 두 편의 논문』은 이러한 혁명 정신에 그 뿌리를 두고 있다. 첫 번째 논문은 누구도 자유롭게 태어나지는 않았다고 주장하면서 모든 정부는 절대 군주라는 왕을 방어한다는 로버트 필머 경의 『가부장제』에 대한 답변으로 썼다. 두 번째 논문은 유럽뿐만 아니라 미국의 혁명에 대한 정치 철학적인 영감을 제공했다. 두 글 모두 리더십에 대한 우리의 이해를 바꾸는 데 중요한 힘으로써 유용할 것이다.

철학적으로 로크는 현실주의자였다. 아리스토텔레스처럼 로크는 인간의 지식은 단지 인간의 감각을 통해서 나온다고 가정했다. 플라톤이 제안했던 본원적인 이데아는 없다고 보았다. 하지만 투쟁가로서 로크는 물질과 형태의 통일성과 관련된 아리스토텔레스의 사고를 거부했다. 정신과 육체라는 두 종류의 본질이 있다고 로크는 주장했을지라도, 그는 두 본질이 서로 구별된다고 믿었다. 그래서 우리가 감각을 경험하는 것처럼 우리의 사상과 육체, 즉 우리의 정신과 열정은 상호 작용하며, 자연법과 신적인 힘을 알고 이해하기 시작한다고 가르쳤다. 간단히 말하자면, 자연법을 안다는 것은 신의 법을 아는 것이다. 결과적으로 리더십의 양자 관계에 대한 로크의 접근은 인간의 본성에 대한 그의 이해로부터 출발한다.

로크의 결론이 토마스 홉스의 것과 두드러지게 다를지라도 그들의 관찰에는 유사점이 있었다. 예를 들어, 로크와 홉스는 시민사회를 사람들 사이의 평화를 보장하기 위한 수단으로 보았으며, 개체로서의 인간의 존재를 믿었고, 원시 자연 상태에서 인간은 자유롭고 평등했다고 주장했다. 하지만 홉스는 질서가 부여된 사회를 두려움에 대한 열정에 논거를 둔 반면, 로크는 인간의 본성을 아주 다르다고 본 점이 상이하다. 로크는 자연 상태에서 인간은 비교적 평화롭다고 가르쳤다. 로크는 생각하기에 두려움이 아니라 이성이 우리 자신에게 도움이 될 뿐만 아니라 모든 인간에게 생명, 자유 그리고 소유물을 보호하도록 가르친다. 두 번째 논문에서 로크는 다음과 같이 설명하고 있다.

자연 상태는 그것을 통치하는 자연법을 가지고 있으며, 모든 사람에게 의무를 지운다. 그리고 그 법인 이성은 그것을 고려하려고 하는 모든 인간에게 다음을 가르친다. 즉, 모든 인간은 평등하고 독립적이기 때문에 누구도 다른 사람의 생명, 건강, 자유 혹은 소유물에 해를 끼쳐서는 안 된다. 왜냐하면 인간은 절대 능력과 무한한 지혜를 가진 창조자의 솜씨이기 때문이다. 신의 질서에 의해서 세상에 보냄을 받은 주권자(=예수 그리스도를 말함)와 그의 업무와 관련된 모든 신하들, 그들은 사람이 아닌 그분의 작품이며 그분의 소유물이다. (중략) 모든 사람이 스스로를 보호하고 계획적으로 그의 입장을 그만두지 않을 때, 같은 이유에서 그의 보호가 경쟁이 아닐 때, 그는 최대한 나머지 인류를 보호해야만 하고, 범죄자에게 정의를 행하거나 생명, 자유, 건강, 다른 사람의 신체나 물건을 가져가거나 해치는 것이 아니라면, 그들에 적대적으로 대해서는 안 된다.1)

---

1) John Locke, *Two Treatises of Civil Government* (London : J. M. Dent & Sons, Lid., 1943), p.119.

홉스가 제안했던 것처럼 자연 상태에서 우리는 이웃에게 적이 아니다. 우리는 친구다. 누구나 타인의 즐거움을 위해서 존재하지는 않는다. 신의 창조물로서, 인간은 단지 스스로를 보호하려고만 하지 않는다. 이성은 인간에게 타인의 생명을 보호하도록 가르친다. 로크가 우리의 열정이 특별히 자기 이익을 증진시킨다고 주장했을지라도, 그는 대결하고 경쟁하는 것보다 협동하고 협력하는 사람의 능력을 아주 낙관적으로 보았다. 이성은 우리의 열정을 계몽시키기 때문에, 로크는 그렇게 하는 것이 우리에게 최고의 이익이라는 결론을 내렸다.

이성은 인간에게 자연법을 계시하는 신의 음성이라고 로크가 설명했던 것처럼, 그는 첫 번째 논문에서 이러한 자기 보존의 원칙을 확립했었다.

신은 인간을 만들고, 모든 다른 동물들과 같이 인간에게 자기 보존의 강력한 욕망을 심어주었다. 그리고 신은 음식과 의복과 다른 생필품에 적합한 것들을 제공했다. 신의 계획 아래 인간은 얼마 동안은 지구 위에서 살아야만 한다. (중략) 왜냐하면 '인간 속의 신의 음성이었던' 이성, 즉 신 자신의 행동 원칙으로써 인간의 삶을 보존하고 인간 속에 내재된 욕망은 인간을 가르쳐서, 그가 계속해서 존재해야만 하는 천성적인 경향을 추구하면서 창조자의 의지를 따랐다는 것을 그에게 확신시켜야만 하기 때문이다.[2]

---

2) Ibid., p.61.

마찬가지로 로크는 이런 자연 상태에서 어떤 사람도 타인에 대한 권력을 가지고 있지 않다고 주장했다. 인간의 행동을 명령하는 인간의 자유는 직접적으로는 신의 의지에 의해 규정된 자연법과 연관되어 있다. 로크는 두 번째 논문에서 다음과 같이 설명하고 있다.

정치 권력을 올바르게 이해하고 근원에서부터 그것을 끌어내기 위해 우리는 모든 사람들이 원초적으로 어떤 상태에 있는지, 즉 자신의 행동을 명령할 완벽한 자유 상태를 고려해야만 하고, 그들이 적합하다고 생각하는 것처럼 타인의 의지에 의존하지 않고 오로지 자연법의 범위에서 그들의 소유와 다른 사람들을 대해야만 한다.

평등의 상태 역시 그 안에서의 모든 권력과 재판권은 호혜적이며, 누구도 타인보다 더 많이 가지지 않는다. 만일 그들 모두의 조물주 (lord)가 그 의지를 명백하게 주장함으로써 또 다른 사람 위에 한 사람을 세우고, 명확한 지명을 통해서 통치할 분명한 권리를 그에게 부여하지 않는다면, 자연 상태에서의 사람들은 복종이나 정복 없이 종과 계급 간의 기능을 유지하게 될 것이다.[3]

유사하게, 개인 재산권에 관한 로크의 생각은 자연법에 근거를 두고 있다. 그러므로 그것은 신의 의지에 근거를 두고 있는 것이다. 개인 재산이 공포와 힘과 사기에 의해서 획득되지 않는다면 "그대의 것과 나의 것이 따로 없다(no thine and mine)"

---

3) Ibid., p.118.

고 주장했던 홉스와는 달리, 로크는 노동이 개인의 재산권을
확립하고 있다고 주장했다. 재산은 개인 노동의 결과이기 때문
에 자신의 일부인 것이다. 이와 관련한 로크의 설명이다.

대지와 모든 열등한 창조물들을 모든 인간이 마음대로 할 수 있다
고 할지라도, 모든 사람은 그 자신만의 재산을 가지고 있다. 자신 이
외에는 누구도 이 재산에 대한 권리를 가지지 않는다. 그의 '육체 노
동(labour)'과 '손의 일(work)'은 정당하게 그의 것이라고 우리는 말
할 수 있다. 그러므로 자연 상태에서 그가 무엇을 제거하고 무엇을
남겼을지라도 그는 그것과 그의 노동을 혼합시켰고, 거기에 자신의
어떤 것을 결합했고, 그것을 그의 재산으로 만들었다. 그것은 그에
의해서 자연이 본래 위치시킨 상태로부터 이전되었기 때문에, 자신
의 노동을 통해서 타인과 공유한 권리로부터 일부의 것을 가지고
있다. 왜냐하면 이 노동은 의심의 여지없이 노동하는 사람의 재산이
기 때문이다. 그를 제외한 누구도 타인을 위해서 공통으로 남아 있는
최소한의 선과 같이, 그것과 연관된 권리를 가질 수 없다.4)

그럼에도 불구하고 인간의 생명권, 자유권 그리고 개인 재산
권과 관련된 자연법을 설명하면서, 로크는 인간이 간혹 이성의
명령을 어기고 있다고 주장했다. 예를 들어, 인간은 서로 죽이
고 도둑질하면서도 그 중에서 강한 자는 종종 벌을 받지 않는
다. 또한 홉스가 그런 행동은 두려움의 결과였다고 주장했던

---

4) Ibid., p.130.

반면, 로크는 그것을 본성 자체에서 세 가지 기본적인 것이 부족하기 때문이라고 주장했다.

첫째, 원시 국가에는 확정된 법, 즉 공동의 동의에 의해 합의되고 옳고 그런 것에 대한 기준이 되는 법이 없다고 로크는 주장했다. 자연법은 모든 이성적인 동물들에게 평범하고 명료힐지라도, 그들의 이익에 치우쳐 있거나 명령을 들으려고 하지 않는 사람들이 있다고 그는 주장한다.

둘째, 본성은 중립적이고 공평한 판단력이 부족하고 그 결과는 무질서와 혼란을 가져온다고 로크는 기록했다. 즉, "자기애는 사람들을 스스로와 그들의 친구들에게 편파적이도록 만든다. 그리고 다른 한편으로 나쁜 본성, 열정 그리고 복수는 그들로 하여금 타인을 응징하도록 하고, 이로 인해 혼돈과 무질서가 뒤따르도록 한다."[5]

마지막으로 자연 상태에서 정의를 수행할 힘이 부족하다고 그는 주장했다. 힘을 가진 사람들은 흔히 타인의 권리를 악용한다. 하지만 생명, 자유 혹은 소유물이 침해당한 사람은 이런 행동을 한 죄인을 처벌할 당연한 권리를 가지고 있다. 그래서 이런 결함을 제거하기 위해서 인간이 사회 계약을 맺는 것은 합리적이며, 이 계약은 시민사회의 기초로써 도움이 된다고 로크는 주장했다. 따라서 로크에게 리더십의 핵심은 바로 이 계약이다.

---

5) Ibid., p.123.

그런데 로크의 사회 계약은 홉스가 주장한 것과 유사점을 거의 가지고 있지 않다. 홉스는 인간이 그들 사이에서 계약을 맺고 서로에게 뿐만 아니라 다른 통치권으로부터 보호를 얻기 위해 왕에게 그들의 권리를 이양한다고 주장했었다. 하지만 왕은 계약 당사자는 아니다. 그는 주권자다. 그가 법을 만들었기 때문에 그는 법 위에 존재하며, 그가 더 이상 공동체를 보호할 수 없는 그런 시기까지 그는 완벽한 권위를 유지한다.

반면, 로크는 그런 계약이 시민사회의 목적과 모순된다고 생각했다. 왜냐하면 그 계약은 자연 상태의 결점을 다루고 있지 않았기 때문이다. 그가 생각하는 법은 자의적이며, 분쟁을 해결하기 위한 공평한 판단을 제공하지 못한다고 보았다. 왜냐하면 왕이 법 위에 존재한다면 왕은 정당한 방식으로 법을 집행할 수 없기 때문이다. 결과적으로 로크는 군주가 그의 신하들과 지속적으로 전쟁 상태에 있는 것은 피할 수 없는 것이라고 생각했다. 그리고 심지어 계약이 도출되었을지라도 사람들은 자연 상태로 남으려고 한다고 보았다. 따라서 로크에게 군주 정치는 결코 정부의 형태일 수 없었다.

결론적으로 로크는 자신의 사회 계약의 핵심 속에 이런 결점에 대한 해결책을 제시하고 있다. 그래서 그는 사람들 간의 정의를 위해 필요한 첫째 원칙을 제시했다. 즉, 정당한 행동을 위한 기준을 제공하는 명확한 성문법은 통치받는 사람들의 동의를 통해서만 제정된다. 이런 법들은 자의적일 수 없으며, 모두에게 적용되어야만 한다. 모든 사람의 생명, 자유 그리고 소유물은 보호받아야만 한다. 이와 관련된 로크의 설명이다.

인간이 사회로 들어가는 위대한 목적은 평화와 안전 속에서 자신의 소유물을 누리는 데 있다. 그 목적의 위대한 도구이자 수단은 그 사회에서 제정된 법이다. 모든 국가의 최초며 근원적인 실정법은 입법 권력에 의해 제정되는데, 그 입법권을 통제하는 것은 최초의 근원적인 자연법이다. 그 자체로 사회와 사회에 속한 모든 사람들은 보호받게 되는 것이다. 다만 그 입법 의지가 공익과 일치해야 한다. 입법권은 국가의 최고 권력일 뿐만 아니라 국가가 부여한 성스럽고도 변경할 수 없는 권력이다.[6]

로크의 시민사회는 역시 자연 상태의 두 번째 결점을 다루었다. 즉, 그 결점은 시민들 간의 의견 차이를 해결하는 것과 관련된 공명정대함에 있다. 로크의 사회 계약에서, 형벌은 자의적으로 결정된 것이 아니라 법에 의해서 제정되었다. 공동체는 분쟁에 대해 공동의 재판을 하게 되고, 동의를 통해 미연에 이러한 결점을 회피할 수 있었다.

재산을 보호하고 그 사회의 모든 사람의 죄를 벌하기 위한 그 자체 권력을 가지고 있지 않으면 그 사회는 존속할 수 없다. 왜냐하면 구성원 각자가 천부적인 힘을 포기하고 모든 경우에 그 힘을 공동체에 양도하는 경우가 존재하기 때문이다. 그래서 특별한 구성원의 경우 모든 사적 판단을 배제시키고 공동체가 최종 판정자가 된다. 그리

---

6) Ibid., pp.183-184.

고 공평한 통치를 이해하고 집행하기 위해서 공동체가 권위를 부여한 사람들은 권리 문제와 관련하여 그 사회의 구성원 사이에 발생할 모든 의견 차이를 결정하게 된다. 그리고 이들은 어떤 구성원이 저지른 범죄를 법이 정한 바대로 처벌하게 된다. 이러한 절차에 따라 누가 사회에 존재하고 존재하지 않는지를 구별하는 것은 쉽다. 한 몸으로 통합되어 있으며, 사람들 사이의 논쟁을 결정하고 범죄자를 벌할 권위를 가진 공공 법률과 사법권을 가진 사람들은 시민사회 안에서 다른 사람들과 하나다. 하지만 그런 공통된 이해 관계를 가지지 않는 사람들은 여전히 자연 상태에 있으며, 타인들과 함께 있지 않는 사람들은 자신을 위한 재판자이자 집행인이 된다. 내가 전에 보여준 것처럼, 이것은 완벽한 자연 상태인 것이다.[7]

결과적으로 정부의 동의를 바탕으로 한 리더십을 가진 사회는 법을 제정할 충분한 힘과 권위를 가지고 있어야 한다고 로크는 믿고 있었다. 개인은 사람들의 의지를 뒤엎는 데 필요한 힘을 가지고 있지 않다. 사람들이 동의한 법에 각자가 복종함으로써 질서는 유지된다. 그래서 사람은 자연 상태의 결점을 피하고 인간의 창조자가 그에게 부여한 자유를 자연스럽게 즐긴다.

시민사회에 대한 로크의 분석 틀을 검토하면서, 우리는 리더십에 대한 로크의 이해를 다룰 수 있다. 합의한 법에 기초한 계약에 기꺼이 동의한 사람들 중에서 누가 리드해야만 하는가?

---

7) Ibid., p.159.

이 문제에 대한 로크의 답은 겉으로 보이는 것보다 더 복잡하다. 왜냐하면 로크는 사회 안의 모든 권위가 궁극적으로 사람들 속에 있다고 보았기 때문이다.

공동체를 대표할 인물을 선택할 때 우리는 우리를 리드하도록 우리의 권리를 양도하지 않는다. 우리는 단지 대표자들이 우리의 소원을 이룰 수 있도록 맡긴다. 대표자는 백성들의 봉사자가 된다. 만약 이런 신뢰가 깨진다면 사람들은 권리와 권위를 내세워 대표자를 제거하게 될 것이다. 그리고 입법부가 최고의 힘을 가지고 있는 것처럼 보일지라도 항상 백성들의 의지에 종속되어 있다. 이와 관련하여 로크는 다음과 같이 설명한다.

목적을 달성하기 위해 신뢰가 주어진 모든 권력은 그 목적에 의해서 제한을 받기 때문에, 그 목적이 명백하게 무시되거나 반대될 경우 신뢰는 반드시 상실되고 권력을 주었던 사람들의 손에 다시 양도된다. 그리고 사람들은 자신의 안전과 안보를 위해 가장 좋다고 생각하는 곳에 새롭게 그 권력을 부여한다. 그리고 그들이 너무 어리석거나 너무 사악해서 백성들의 자유와 소유에 반한 계획을 수행하려고 할 때마다, 공동체는 그들의 시도와 계획에서부터 스스로를 보호하는 최고 권력을 영구히 유지하게 된다.[8]

유사하게도, 로크는 신하들의 동의를 통해서 봉사하도록 위

---

8) Ibid., p.192.

탁을 받은 사람들 사이의 권력 분립의 필요성을 인식했다. 로크가 믿기에 법을 만든 사람들은 법을 집행해서는 안 된다. 권한을 이양받은 자들은 자신의 지위 때문에 불의로부터의 유혹이 너무 크다.

그러므로 순수하게 이론적인 견지에서 보자면 로크의 시민 사회에서 리더는 없다. 거기에는 수탁자들만 존재한다. 단지 봉사자들만 존재한다. 이들의 기능은 리드하는 것이 아니라 사람들의 의지를 규정하는 것이다. 결과적으로 리더들의 권리는 추종자들의 권리와 다르지 않다. 그 이상도 아니고 그 이하도 아니다. 리더들은 특권을 가지고 있지 않다. 모든 구성원들은 생명권, 자유권 그리고 개인 재산권을 가지고 있다. 누구도 타인의 의지에 종속되지 않으며, 이러한 권리가 보호될 것이라고 사회의 법은 보증한다.

그럼에도 불구하고 로크는 인간들 사이에 명백한 불평등을 인정했다. 나이, 장점 그리고 이성적 능력은 흔히 어떤 사람에게 타인보다 자연스런 이익을 주기도 한다. 예를 들어, 아이들이 이성에 따라 행동할 수 있을 때까지 부모들은 자식에 대한 당연한 통제권을 가진다. 이에 대해 로크는 다음과 같이 설명한다.

그래서 우리는 이성적으로 태어난 것만큼 자유롭게 태어난다. 하지만 우리는 실제로 어느 쪽을 행사하지는 않는다. 왜냐하면 나이가 들면 하나가 생기고, 동시에 다른 하나 역시 생기기 때문이다. 그래서 자유와 부모에 대한 복종이 얼마나 자연스럽게 함께 이루어졌는가를 우리는 안다. 그리고 양쪽 모두 같은 원리로 나타난다. 아버지라는 명칭, 즉 그의 아버지의 이해에 의해서 아이는 자유로우며, 아이는 자신만의 이해를 가질 때까지 아버지의 이해에 따라 지배될 것이다.

* * *

그러므로 인간의 자유와 자신의 의지에 따른 행동의 자유는 인간이 이성을 가지고 있다는 데 근거를 두고 있다. 이성은 인간이 스스로를 통제하는 그런 법에서 그를 가르칠 수 있으며, 인간이 자신의 의지의 자유에 얼마나 멀리 남겨져 있는지를 알도록 할 수 있다. 인간은 그를 인도할 이성을 가지기 전에, 자신을 자유로부터 느슨하도록 하는 것은 자유로운 천부적 특권을 인간에게 부여하는 것이 아니라 인간을 야수들 사이로 몰아내어서 야수의 것만큼 비열하고 인간 이하의 상태까지 인간을 내맡기는 것이다.[9]

남성과 여성 간의 차이점에 관해서 로크는 아주 평등주의적이다. 이들의 서로 다른 적성과 능력 때문에 불평등의 종류가 남편과 아내 사이에 존재하는 것처럼 보이는 것을 로크가 인정했을지라도, 그들에게 이런 차이는 어느 쪽의 복종에 대한 정당한 근거가 되지 못한다고 그는 주장했다. 로크에게 이들 사이에 존재할지도 모르는 불평등은 혼인 계약에서 자발적으로 의견 조정이 된 것들이다. 양쪽이 계약을 맺거나 파기하기를 선택할지도 모르기 때문에, 아내가 남편에 대해서 가진 힘만큼

---

9) Ibid., pp.145-147.

남편도 아내에 대해서 같은 힘을 가진다.

부부가 단지 하나의 공통된 관심을 가지고 있을지라도, 다른 이해를 하고 있는 남편과 아내는 때때로 피할 수 없을 정도로 전혀 다른 의지를 가지게 될 수도 있을 것이다. 그러므로 마지막 결정, 즉 통치 행위가 이루어져야 하며, 이것은 자연스럽게 더 능력 있고 강한 남성의 몫이 된다. 하지만 공동의 이익과 재산을 위한 이 결정은 계약에 의해서 완벽하고 진정한 권리를 가진 아내에게 맡겨진다. 그리고 이것은 최소한 남편의 삶에 대해 아내가 가지는 힘만큼이나 남편에게도 아내에 대한 힘을 부여한다. 남편의 힘은 절대 군주의 힘과는 다르며 많은 경우에 아내는 자연권이나 그들의 계약이 허용하는 한 남편과 별거할 자유를 가진다. 여기서 계약은 자연 상태에서 성립되었거나 그들이 살고 있는 국가의 관습이나 법에 의해서 이루어진다. 그리고 그런 별거에 근거해서 계약이 결정되는 대로 아이들은 아버지 혹은 어머니의 몫에 해당된다.10)

그러므로 남자는 여자보다 뛰어나지 못하다. 남편과 아내는 그들 양쪽이 자발적으로 동의한 결혼 계약에 의해서 단지 그들의 자유를 변경할 수 있다. 유사한 방식으로, 사람은 다른 사람이 제공하는 이익을 위해 그의 자유를 기꺼이 교환할 수 있다고 로크는 가르쳤다. 예를 들어, 우리는 돈을 위해 우리의 노동력을 교환하는 데 동의한다. 우리가 그렇게 고용되어 있는 시간 동안 우리의 의지를 타인의 의지에 복종하는 것에 동의하게

---

10) Ibid., pp.156-157.

되는 셈이다. 즉, 우리는 리더십의 관계에서 종이 되는 것에 동의한다. 하지만 우리가 봉급을 위해서 용역을 교환할지라도 생명, 자유 그리고 소유물과 관련된 권리를 부여한 우리의 신에 대해서는 손을 대지 않은 상태로 남겨두게 된다.

자유인은 왕과의 계약에 의해 책임 맡은 구체적인 시간 동안 자신을 팔면서 스스로를 타인의 종이 되게 한다. 그리고 이것은 통상적으로 그를 주인의 가족 속에 넣고 그 일상적인 규율 아래 자신을 위치시킬지라도, 이런 행위는 주인에게 단지 일시적인 힘을 제공할 뿐이다. 그리고 그들 사이의 계약에는 그 이상 더 큰 의미는 없다.[11]

로크는 역시 사적 재산의 소유와 관계된 불평등을 인식했다. 간략히 언급하면, 인간이 세계를 개선할 수 있도록 신은 인간에게 세계를 공동으로 주었다고 로크는 주장했다. 역시 그는 신으로부터 선물을 공동으로 부여받은 사람들은 정당하게 그들 노동의 결과에 대한 자격을 부여받았다고 믿었다. 하지만, 인간이 필요 이상 신의 공동 선물을 가질 수 없다고 주장하면서, 부의 분배에 대해 로크는 낙관주의적인 입장을 보였다. 다른 사람들이 없다면 사람은 왜 부를 축적하는가? 이성은 먹을 수 있는 것 이상으로 부패하기 쉬운 물건을 모으는 것의 어리석음을 알려준다. 왜냐하면 타인에게서 음식을 빼앗는다면 남는 음식은 부패하기 때문이다. 하지만 인류가 자연으로부터 아

---

11) Ibid., pp.157-158.

무리 많은 것을 가져왔다고 하더라도, 노동과 발명을 통해서
인류는 항상 생산량을 확장시키고 있다. 결과적으로 로크는 인
간의 노력을 통해서 불모지는 계속적으로 부유한 농지로 발전
된다고 믿었다. 인간의 창조성을 통해서 자연의 열매는 항상
만발하게 된다.

서구 문화에서 리더십에 대한 우리의 이해와 관련하여 존 로
크는 다음 몇 가지 공헌을 했다. 첫째, 로크는 우리로 하여금 인
간 본성에 대한 이해를 일깨웠다. 이성의 존엄에 따라서, 내부
에 스스로를 리드할 능력이 우리 안에 있다고 로크는 가르쳤다.
사람들은 자신의 삶에 평화와 통일성을 가져오기 위해 타인에
게 의존할 필요가 없다. 부나 지위에 관계없이 모든 인간은 신
이 부여한 자유를 가지고 있으며 누구도 이런 권리를 침해할
힘을 가지고 있지 않다는 로크의 가르침 역시 중요하다.

실제로 존 로크 자체에 대해서 뿐만 아니라 그의 리더십에
관한 고찰도 무시되어 왔다. 로크에 관한 글에서, 로버트 골드
윈(Robert Goldwin)은 서구 사상에 대한 로크의 기여를 다음과
같이 요약하고 있다.

로크는 절대적으로 자의적인 모든 권력으로부터 인류를 해방시키
려고 노력했다. 그는 인간에게 부여된 거의 보잘것없는 물질로부터
인간이 문명을 이룬 것에 대해 진지하게 설명하려고 했다. 이러한
설명 과정에서, 인간 해방에 대해 박차를 가할 수 있었던 중요한 힘
은 열정, 즉 보존의 욕망이라고 강조했다. 이 책의 독자가 잘 아는

것처럼, 고대 정치 철학자들은 열정을 자의적이며 전제 군주적인 것으로 간주했었다. 왜냐하면 철학자들은 무엇보다도 열정이 인간을 노예로 만든다고 생각했기 때문이다. 그러므로 고대 정치 철학자들은 인간 안에 내재된 이성이 어떻게 해서든지 열정을 제어하고 통치할 수 있는 정도까지만 인간은 자유롭다고 가르쳤다. 하지만 로크는 인간 본성에서 열정을 최고의 힘으로 인식했으며, 이성은 가장 강력하고 보편적인 욕망에만 도움이 되고 그것이 완성되도록 지도한다고 주장했다. 사물에 대한 이러한 질서 부여는 진실되고 자연스럽게 행해질 때 자유, 평화 그리고 풍요로움을 위한 인류의 노력은 전망이 밝다. 이것이 로크의 정치적 가르침이다.12)

미국인들에게 리더십의 이해와 관련된 이런 가르침이 내포하고 있는 의미는 너무나 명백하다. 왜냐하면 로크의 저작들은 미국이 국가로서 독립하는 데 철학적 기초로써 많은 도움을 주었기 때문이다. 토마스 제퍼슨(Thomas Jefferson)이 "우리는 이러한 진리는 자명하다고 봅니다. 모든 인간은 평등하게 창조되었고, 이들은 창조자로부터 '양도할 수 없는 권리(inalienable rights)'를 부여받았고, 이 권리들 중에는 생명, 자유 그리고 행복 추구가 있습니다"라고 썼을 때,13) 그는 존 로크의 가르침을

---

12) Robert A. Goldwin, "John Locke", Leo Strauss & Joseph Cropsey, eds., *History of Political Philosophy* 3rd. ed.(Chicago : University of Chicago Press, 1987), p.510.

13) 역주. 다음은 원문임 : *"We hold these truths to be self-evident, that all men are created equal, that they are endowed by their Creator with certain inalienable rights, that among these are Life, Liberty, and the pursuit of*

인용하고 있었다. 미합중국의 설립자들이 독립적이고 제한된 권력을 요구하는 헌법 초안을 작성했을 때, 존 로크가 이해하고 있던 바를 그들은 인정하고 있었다. 자본주의자들이 발의권에 기초한 사적 재산권을 옹호할 때, 그들의 주장 또한 존 로크의 저작들과 일치한다. 노동자들이 추가된 노동의 가치는 경제적 정의라는 맥락에서 인정된다고 주장할 때, 노동자들의 주장역시 그러하다. 아마도 어떤 다른 철학자도 미합중국에서 가지는 정치적 관계성을 우리가 이해하는 데에서 존 로크보다 더 큰 영향을 미치지는 못했을 것이라는 점에 동의할 것이다.

그리고 로크의 영향력은 비단 정치학 영역에만 국한된 것이 아니다. 그의 사상은 통합된 공동체 속에서 리더십을 이해하는 데에도 많은 영향을 주었다. 지난 50년 동안 전세계는 정치적 참여와 권력 이양에 대한 계속적인 변동이 있었다. 이 말은 우리의 기업과 회사가 민주주의화되어 가고 있음을 강조하기 위한 것이 아니다. 기업과 회사는 민주주의화될 수 없다. 하지만 증가하고 있는 많은 리더들은 종업원들의 지성에 경의를 표하는 사람들의 편에서 권위주의적인 경영 방식을 포기하고 있다는 것에 주목해야 한다. 그들은 통제하고 경쟁하기보다 사람들과 협력하고 협동한다. 그들은 신이 모든 사람에게 부여한 '양도할 수 없는 권리'에 기초하여 사회 계약에 의해 구조화된 경영진과 종업원들 사이의 관계성을 인식하고 있다. 그러한 실천

Happiness."

들은 직접적으로는 인간의 위엄을 인정한 한 사람의 철학자에서 그 흔적을 찾을 수 있다. 그러한 실천들은 바로 존 로크의 가르침에 이르기까지 그 유래를 찾아올라 갈 수 있다.

평등이라는 개념에도 동일한 접근이 가능하다. 많은 서구 민주주의는 생명, 자유 그리고 재산권이라는 로크의 원칙에 근거를 두고 있을지라도 최근에 이러한 권리들은 실생활 속에서도 인식되고 있다. 사생활에 대한 요구, 안전에 대한 요구, 교육에 대한 요구, 정당한 임금에 대한 요구, 기회에 대한 요구, 노동과 관련된 가치 발생과 그 공유에 대한 요구 등 모든 것을 통해 우리는 '양도할 수 없는 권리'의 의미를 재검토하게 된다. 생명권은 무엇을 의미하는가? 자유권은? 행복추구권은? 모든 것은 존 로크가 발전시킨 개인주의라는 혁명적 정신의 한 편린들이다.

그러므로 이것은 서구 정신을 바꾸어놓은 개인주의 정신이라고 할 수 있다. 엘리트주의와 특권을 폐지하면서 리더십에 대한 새로운 관점을 제시해주었다. 본질적으로 사람은 다른 사람보다 우월하지 않다. 왕권신수는 없다. 우리 모두는 자유롭게 우리의 열정, 우리의 욕망 그리고 우리의 꿈을 추구한다. 우리는 단지 우리 자신의 동의에 의해서 통치를 받을 수 있다. 그리고 사회 계약은 동의라는 매개를 통해 이루어진다. 로크는, 인간은 두려움과 이기심의 희생자라고 가르쳤던 사람들의 가르침을 비웃으면서, 이기주의(egotism)는 이성에 의해서, 그리고 이기심은 계몽에 의해 절제될 수 있고, 협력(cooperation)은 모든 당사자의 이익이 된다는 점에 대해 가장 잘 합의할 수 있다고 믿었다. 그래서 시민사회를 위한 로크의 계약은 사람들 사이에서 상호 착취의 정도를 허용하면서도 제한한다.

이런 사상이 서구 문화에 대한 로크의 선물이다. 더 구체적으로 말하자면, 이런 사상은 미국에 대한 로크의 선물이다. 다시 한 번 로버트 골드윈은 설명한다.

존 로크는 미국을 위한 철학자다. 만약 철학자가 위대한 국가의 왕이 될 수 있다면 우리는 그를 왕이라고 부를 것이다. 그러므로 세계의 많은 다른 사람들보다 우리는 로크의 가르침이 얼마나 올바른지를 판단할 의무와 경험을 가지고 있다.[14]

실제로 그의 가르침 중에서 정당함이 무엇인지에 대해 잘 고찰하는 것이 우리의 의무다.

---

14) Ibid.

제7장
장-자크 루소 : 인간 의지의 리더십

"그대 자유인들이여!
'원초적인 자유를 얻을 수는 있어도,
일단 잃고 나면 다시 찾을 수는 없다'는 격언을
결코 잊어서는 안 될 것이다."
— 장-자크 루소(Jaen-Jacques Rousseau)

서구에서의 자유에 대한 요구는 18세기 중·후반에 걸쳐 팽창하기 시작했으며, 이에 따른 혁명의 불꽃은 영국과 그 신세계 식민지 국가에 국한된 것이 아니었다. 프랑스에서는 교회의 권위에 반발한 볼테르의 문학이 정치적 불만을 표출하는 데 중요한 계기가 되었으며, 그의 문학 작품에 고무된 장-자크 루소는 프랑스 귀족을 향해, "굶주린 대중이 겨우 목숨을 연명하고 있음에도 불구하고, 귀족들은 갖은 재화를 풍족하게 향유하고 있다"며 맹렬히 비난했다.

우리는 리더십에 대한 완전한 이해를 위해 이제 해협을 건너 혼란의 땅 유럽 대륙에 들어서면서 자유, 평등 그리고 박애의 새로운 사상을 발견하게 된다. 즉, 루소의 시대로 돌입하게 되는 것이다. 그는 『학문과 예술론(*Discourse on the Sciences* and Arts)』, 『인간 불평등 기원론(*Discourse on the Origins and Foundations of Inequality among Men*)』, 『정치경제학(*Discourse on Political Economy*)』, 『에밀(*Emile*)』 그리고 『사회계약론(*The Social Contract*)』 등 많은 저작들을 남겼다. 이 저작들을 통해 우리는 특권에 저항하는 지칠 줄 모르는 그의 열정을 발견하게 된다.

또한 우리는 이성 우선의 철학을 부정하는 루소의 글들을 발견하게 된다. 루소는 로크와 홉스 그리고 계몽 시대에 출현했던 이성주의자들이 주장한 바, 즉 이성이 인간 본질에 대한 이해를 가져다줄 수 있다고 가르쳤던 것을 비웃었다. 즉, 루소는 인간의 본질을 영혼, 감정, 욕망 그리고 본능 속에서 찾으려고 했다. 그는 이성이 인간을 질식시키고 자연법의 힘에 의해 통제받는 단순한 기계적 유기체로 격하시킨다고 믿었다. 또한 인간이 인간을 굴복시키는 것을 정당화함으로써 결국에는 불평등을 정당화하고, 엘리트 계급에게는 풍족함을 제공하는 한편 빈곤층에게는 질곡(桎梏)을 가져다주었다고 믿었다. 루소에게 이성은 인간을 종속적으로 만들었을 뿐만 아니라 타락한 동물로 변형시켰다.

그러므로 루소의 가르침에는 낭만주의적 전통이 흐르고 있었다. 플라톤주의자인 루소는 이성주의자들에 반대하며, 인간은 감각에 의한 교육을 통해 얻어지는 것이지 백지 상태의 정신을 가지고 태어나는 것이 아니라고 주장했다. 그는 이성의 우위를 거부하는 대신 인간의 본능과 열정의 우월성을 강조했다. 만일 우리가 진리를 원한다면 삼단 논법에 의해서만 볼 것이 아니라 진리가 자리잡고 있는 우리 영혼의 본질을 들여다봐야 한다고 그는 생각했다. 그 이유는 신의 의지가 우리의 영혼 내부에 자리잡고 있기 때문이다.

루소는 이와 같은 생각을 배경으로 리더십괴 관련된 개념들을 탐구했다.『사회계약론』제1권 1장은 다음과 같이 시작한다.

인간은 본래 자유롭게 태어났으나 사방으로 사슬에 묶여 있다. 자기가 남의 주인이라고 생각하는 자도 사실은 그 사람들 이상으로 노예 상태에 처해 있다. 어떻게 해서 이런 역전 현상이 발생했는지 모를 일이다. 무엇이 그것을 정당화할 수 있는가? 나는 이 문제를 풀 수 있다고 믿는다.

내가 만일 폭력과 그로부터 비롯되는 결과만을 생각한다면 다음과 같이 말할 것이다. 어떤 백성들이 복종을 강요당하여 그렇게 하는 한 그는 책임을 다하는 것이다. 그러나 그 백성들이 멍에를 벗을 수 있고 또 벗는 것이 빠르면 빠를수록 그는 더욱 책임을 훌륭하게 수행하는 것이다.

왜냐하면 그때 백성들은 지배자가 백성의 자유를 빼앗은 것과 같은 권리로써 자기 스스로의 자유를 회복하는 것이기 때문이다. 그렇지 않으면 인민에게 자유를 되찾는 자격이 주어지거나 인민으로부터 자유를 빼앗을 자격이 처음부터 없었던 것이 되기 때문이다.

사회 질서는 모든 권리의 기초가 되는 신성한 법이다. 그러나 이 권리가 자연에서 유래하는 것이 아니라 계약에 입각한 것이다.[1]

---

1) Jean-Jacques Rousseau, *The Social Contract* (NY : Hafner Publishing

요약하자면, 루소는 비록 인간이 자유로운 몸으로 태어났을 지라도 타인의 의지에 종속되어 있음을 스스로 발견하게 된다고 주장한 것이다. 그리스 철학자들의 계보를 계승한 홉스와 로크가 이성에 근거하여 적절한 질서와 자연의 법칙을 제시했던 것과는 달리, 루소는 사회적 질서가 결코 자연스러운 것이 아니며 단지 인간들의 동의에 의해 만들어진 사회의 관습일 뿐이라고 주장했다. 그러므로 인간을 알기 위해서 루소는 역사를 먼저 알아야 한다고 했는데, 이는 곧 리더십의 관계를 발생시키는 원인을 인간의 본성이 아닌 관습으로 보았기 때문이다.

첫째, 루소는 자연 발생의 가족이 문명 사회의 기본이 될 수 없다고 설명한다. 왜냐하면 한 아이가 성숙하게 되면 그 아이는 부모의 의지에 복종해야 하는 의무에서 벗어나기 때문이다. 다음은 그 관련 내용이다.

모든 사회 가운데 가장 오래되고 자연 발생적인 것은 가족이라는 사회다. 그런데 자식들이 아버지에게 묶여 있는 것은 자신의 생존에 아버지가 필요한 동안뿐이다. 그 필요성이 없어지면 당장 이 자연의 결합은 풀리고 만다. 자식들은 아버지에게 복종하는 의무에서 벗어나고, 아버지는 자식들을 보살피는 의무에서 벗어나, 양자가 다같이 독립하게 된다. 그들이 만일 계속 결합되어 있다 하더라도 그것은 이제 자연이 아니라 의지에 의해서다. 그러므로 가족 그 자체도 계약에 의해서만 유지되는 것이다.[2]

Company, 1947), p.5.

둘째, 루소는 힘이 사회 구성의 기초가 될 수 없다고 주장했다. 왜냐하면 복종이 합법적인 힘에 기인하기 때문이다. 힘이 만들어내는 권리는 결코 권위의 정당한 근거가 될 수 없다. 다음은 그 관련 내용이다.

힘에 의해 복종해야 한다면, 의무감에 의한 복종은 있을 수 없다. 그리고 힘이 더 이상 존재하지 않을 때, 모든 의무는 힘과 더불어 멈추게 된다. 그러므로 권리라는 말은 힘에 아무것도 추가하지 않지만 실제로 무의미한 용어라는 것을 우리는 안다. (중략) 따라서 힘은 권리를 구성하는 것이 아니며 복종이 합법적인 권력으로부터 기인한다는 것을 우리는 인정해야만 한다.3)

아리스토텔레스가 정립했던 주장, 즉 특정 인간을 위해 그 외의 인간들이 노예가 되어야 한다는 개념을 거부하고, 루소는 모든 인간이 태어날 때부터 자유롭다고 가르쳤다. 또한 그는 아리스토텔레스가 노예 제도에 대한 판단의 오류를 범했다고 믿었다. 그는 자신의 글에서, "만일 천성적인 노예가 존재한다면 그것은 자연의 이치에 어긋나는 것이다"라며, "힘에 의하여 최초의 노예들이 발생했으며, 이렇게 시작한 노예 제도는 힘의 피해자들을 천하게 전락시킴으로써 그러한 굴종의 관계를 영속시켰다"고 말한다.4)

---

2) Ibid., p.6.
3) Ibid., pp.8-9.
4) Ibid., p.7.

물론 인간이 자신의 생존을 위하여 스스로를 팔 수는 있겠지만 우리 자신의 자유 자체를 합법적으로 부정할 수는 없다.

예를 들어 한 사람이 자기 자신을 아무런 이유 없이 포기한다는 것은 이해할 수 없다. 그런 행동은 정당화될 수 없고 공허하다. 왜냐하면 그러한 행동을 하는 사람은 본래적인 감각을 상실했기 때문이다. 하나의 전체 민족이 같다고 말하는 것은 사람들이 모두 미쳤다고 가정하는 것이며, 어리석음은 그 민족을 바르게 만들지 못한다. (중략) 우리의 자유를 포기하는 것은 인간의 자질과 함께 인간성의 모든 권리와 의무를 포기하는 것이다. 이와 같이 완전한 희생에 대해서는 적절한 보상이 불가능하다. 그러한 포기는 인간의 본성과는 양립하지 못한다. 일단 인간이 자유 의지를 빼앗길 때, 그 행위는 모든 도덕이 결여된 것임에 틀림없다. 마지막으로 한 측면에서는 절대적인 권위를 다른 측면에서는 무제한적인 복종을 명문화하는 관습은 헛되고 모순된 것으로써 간주되어야 한다.[5]

원시 시대에는 리더십의 양자 관계가 존재하지 않았다고 루소는 설명한다. 그 누구에게도 다른 사람으로부터 복종을 끌어낼 권리가 없었다는 것이다. 모든 이들은 자신들의 열정과 본능에 따라 선하게 살았으며, 약간의 필요한 것들은 쉽게 얻을 수 있었고 충족되었다. 그럼에도 불구하고 모든 이들은 동일한 능력을 지니고 태어나지 않았으므로 일부는 생존에 필요한 물

---

5) Ibid., p.10.

질들을 획득하는 것이 상대적으로 불리했다. 결과적으로 인간은 사회 계약을 통해서 자신들의 생명과 재산을 보호하게 되었으며 인간을 종속적인 관계에 놓이게 했다. 하지만 이러한 계약은 인간의 자유를 보장하기보다 오히려 사슬로 묶어놓게 되었다. 자연의 법칙에 근거한 초자연적인 힘의 존재를 주장하는 이들에 의해 신중하게 만들어진 사회 계약은 일부 인간들을 그 외의 인간들보다 유리한 위치에 놓이게 했으므로 결국 인간들 사이에서 발생하는 불의는 자연적으로 발생하는 것이 아니며 사회에 의하여 발생하는 것이다. 우리의 자유를 제한하는 것은 관습인 것이다.

루소도 인간은 원시 상태에서 생존할 수 없다는 점에 동의한다. 왜냐하면 스스로 생존해야 한다는 장애물을 넘기에는 개개인의 힘이 충분하지 않다고 보았기 때문이다. 그러므로 루소는, "이러한 원시 상태는 더 이상 존재하지 않는 것이며, 그러한 삶의 방식을 바꾼다고 해서 인류가 멸종하지 않는다"고 말했다.[6] 그러나 루소가 제시한 계약은 홉스 또는 로크의 그것과는 상당히 달랐다. 루소의 계약은 천성적인 두려움, 기만 또는 결핍에 근거하지 않았다. 그의 사회 계약은 공동체에 대한 일반 의지에서 비롯된 신성함에 그 기초를 두었는데, 이는 곧 사회의 자유를 위해 개인의 자유를 박탈하는 것을 의미했다. 루소는 다음과 같이 설명하고 있다.

---

6) Ibid., p.14.

사회계약론에 대한 모든 내용을 확실히 이해했을 때, 이 글은 한 마디로 요약될 수 있다. 그 요점은 모든 공동체에서 각각의 동료와 그 모든 권리는 총체적으로 소외되어 있다는 점이다. 왜냐하면 첫째로 모든 개인이 자신을 완전히 포기할 때, 모든 인간의 조건은 같아지기 때문이다. 그렇게 된다면 타인들에게 무례한 조건을 주는 것은 어떤 사람에 대해서도 이익이 되지 못한다.

무엇보다도 소외는 어떤 조건도 없이 이루어지기 때문에 협력은 하면 할수록 좋다. 그리고 어떤 동료도 어떤 사안에 대해서 더 이상의 주장을 하지 않는다. 왜냐하면 모두가 일반적으로 즐기지 않는 권리를 개인이 유지했다면, 그와 대중 사이에 결정하는 것보다 더 우월한 것이 없기 때문이다. 어떤 관점에서 각자의 판단은 매사에 그렇게 될 것이다. 그래서 자연 상태는 계속될 것이고 협력은 반드시 더 험악해지거나 폐기될 것이다.

그러므로 우리가 사회 계약에 대한 비본질적인 모든 내용을 제외시킨다면 다음과 같이 요약할 수 있다.

우리 개개인은 공히 자기 자신과 자신의 힘을 사회 전체의 의지 아래로 위치시킨다. 그 전체의 한 일부로서 우리 모두는 그 전체와 분리될 수 없는 위치에 있다.[7]

실제로 루소는 그러한 교환이 내포된 많은 것을 인정했다. 확실히 우리는 예전의 본질적인 자유를 상실했다. 우리는 더

---

7) Ibid., p.15.

이상 본능이 이끄는 대로 행동할 수 없다. 하지만 우리의 개인적인 자유를 포기하고 사회 전체의 구성원이 됨으로써 우리는 사회의 자유를 얻게 된다. 이에 더하여 일반 의지에서 비롯된 정의를 받아들임으로써 원시 상태에서는 없었던 도덕적 자유를 얻게 된다. 우리가 소유한 개인 의지를 일반 의지에 종속시키기로 결정함으로써 우리는 더 이상 본능에서 비롯된 원시적인 열정에 구애받지 않는다. 즉, 우리의 자유를 포기함으로써 우리 자신을 자유롭게 하는 것이다.

루소의 사회 계약에 의하면, 사람이 공동체에 대한 자신의 사적 의지를 일반 의지에 종속시켜야 함은 사유재산권 또한 포기해야 한다. 루소는 개인은 다른 사람을 살 수 있을 만큼 부유하거나 자기 자신을 팔아야 할 만큼 궁핍해서는 안 된다. 이에 따라 그는 소유권이 구성원 전체의 의지에 따라 할당되어야 한다고 믿었다. 그는 한 공동체 안에서, "개인의 재산 소유권은 사회 전체의 소유권에 종속된다. 그렇지 않으면 그 사회는 사회적인 견고성을 잃게 될 뿐만 아니라 실질적인 주권을 행사할 수 없게 된다"고 말했다.[8]

루소는 이러한 방식으로 모든 시민들이 자유와 평등을 보장받을 수 있다고 믿었으며, 『사회계약론』 제1권의 결론에서 다음과 같이 설명한다.

---

8) Ibid., pp.21-22.

나는 이 장을 마치며 결론짓기를 전체 사회 시스템의 기초를 다지
는 데 도움이 되고자 한다. 그리고 나의 그 결론은 인간의 천부적
평등을 파괴하는 대신, 반대로 근본적인 계약이 천성적으로 사람들
사이의 신체적 불평등보다는 도덕적이고 법적인 평등의 개념을 사
용한다는 점과 인간은 힘이나 재능에서 매우 불평등해서 그들의 협
정과 법적 권리에 의해서 평등하게 된다는 것이다.[9]

루소에 의하면 법적 권리의 근원적 기초는 일반 의지 안에
존재한다. 일반 의지는 어느 시민 개인을 대상으로 이윤을 추
구할 수 없으므로 과오가 있을 수 없으며 이는 분리될 수도 없
다. 일반 의지는 공동의 안전과 모든 시민의 복지를 추구하므
로 정의를 추구하는 절대적인 기준이 된다. 그러므로 인간은
항상 자신의 의지와 일반 의지를 비교함으로써 종종 이기적인
개인 의지의 타당성을 판단할 수 있다. 만일 그 둘이 일치하지
않는다면 개인의 의지는 그릇된 것이다.

그렇다고 일반 의지를 전체 의지(will of all)와 혼동해서는
안 된다. 이는 매우 중요한 사항이다. 전체 의지는 개인의 의지
들을 종합한 것이므로 종종 욕심과 이기심을 내포하기 때문에
일반 의지와 동일시될 수 없다. 그러므로 전체 의지가 항상 일
반 의지의 본질을 드러내지는 않는다. 또한 일반 의지는 전체
의지 이전의 추상적 존재로서, 개개인의 이익과 무관한 공공선
에만 관심을 가지고 있다. 일반 의지는 신의 의지도 포함하고

---

9) Ibid., p.22.

있다.

그렇다면 누가 리더가 되어야 하는가? 누군가 타인으로부터 복종을 이끌어낼 수 있는 권리를 가지는가? 표면적으로 이와 같은 사회 계약 안에서 리더는 존재하지 않는 것처럼 보일 것이다. 공공선을 지향하는 일반 의지를 따르면서 사람들은 그들 자신을 리드해야 할 것이다. 그러나 이 물음에 대한 루소의 해결책들은 보기보다 훨씬 복잡하다. 루소는 인류의 자유와 평등을 믿었지만, 또 다른 한편으로 그는 사회 구성원의 일부는 일반 의지의 진실을 알아내는 능력이 나머지 전체보다 더 뛰어나다고 믿었다.

첫째, 그는 선(goodness)은 마치 모든 정의가 신으로부터 나오는 것과 같이 인간과는 독립적으로 존재한다고 설명하고 있는데, 이것은 보편적이고도 전체에 적용되는 것이다. 또한 루소에 의하면 신에 대한 정의는 사람들의 일반 의지를 통해 실현된다. 정의의 구현은 모든 사람들을 위해서 모든 사람들에 의해 결정되기 때문에 어느 일부에게 유리하고 또 다른 일부에게 불리할 수 없다. 결과적으로 일반 의지로부터 유래되어 제정된 법을 통해 신의 정의가 구현되어 올바른 결과를 낳게 된다. 그러므로 법의 본질에 대한 이와 같은 이상적인 해석이 리더의 존재에는 적용되지 않는다. 모든 것은 사람들의 일반 의지를 따른다.

그러나 루소는 이상주의자가 아니었다. 집단을 위한 그의 열정이 비록 평등주의적 입장을 취하고 있기는 했었지만, 그는

대중의 결정에 지혜와 이해가 결핍될 수도 있다는 것을 염려했
다. 그러므로 비록 그가 일반 의지는 항상 올바르다고 가르치
면서도 또 한편으로는 일반 의지를 해석하는 판단 능력이 항상
정확하지만은 않을 수 있음을 지적했다. 대중들은 신의 정의를
올바르게 이해하도록 도울 수 있는 지도자를 필요로 했다. 이
에 대해 루소는 다음과 같이 설명한다.

　　스스로 깨우치지 못한 대중들이 종종 자신들을 위해 선한 것이
무엇인지조차 알지 못한 상태에서 법률 제정과 같은 아주 중대하고
어려운 구상을 어떻게 할 수 있겠는가? 사람들은 항상 선을 행할
것을 결심하지만, 그것이 어떻게 구성되는지에 대해서는 알 수가 없
다. 일반 의지는 항상 옳다. 하지만 그것을 인도하는 판단은 항상
깨어 있다고는 할 수 없다. 그러므로 그들이 추구하는 올바른 길을
제시해주고, 개인 의지의 유혹의 목소리로부터 그들을 보호해주고,
사람들이 시간과 장소가 어떻게 연결되어 있는지 볼 수 있도록 해주
고, 알려지지 않고 어렴풋한 악에 대해 균형 있는 이해를 할 수 있도
록 있는 그대로 사물을 바라볼 수 있도록 하는 지도가 필요하다. 개
인들은 그들이 거부한 선을 보게 된다. 일반 국민은 보지 않은 선을
행하려고 한다. 일반 국민들은 모두 지도자를 필요로 한다. 어떤 사
람은 자신의 의지를 이성에 부합되도록 해야만 한다. 또 다른 사람은
그들이 하고 싶은 바를 교육을 통해 전수받아야 한다. (중략) 여기서
부터 입법자의 필요성이 생겨난다.[10]

---

10) Ibid., p.35.

누가 이끌어야 하는가? 대중인가? 궁극적으로는 대중이 일반 의지에 동참하므로 그렇다고 말할 수 있다. 그러나 집단은 공공선을 알 수 없으므로, 자신의 의지를 깨우친 또는 계몽된 소수의 의지와 들어맞게 해야 한다.

루소는 이러한 소수의 깨우친 리더들이 누가 되어야 하는지에 대해서는 다소 모호한 입장을 취하고 있다. 첫째, 그는 대중에 의해 선발되어 법을 제정하는 공직자를 제안한다. 이후에 그는 모든 이들이 동등하기 때문에 진정한 민주주의를 추구하려면 추첨을 통해 선출하는 것이 더 적절하다고 제안한다. 상기 문제에 대한 입장은 모호하더라도 루소는 입법자로서의 자질에 대해서 만큼은 매우 엄격하게 다루고 있다. 그는 "위대한 왕자는 매우 드물다는 것이 사실이거니와, 좋은 입법자는 얼마나 더 드문 일인가?"라며 다음과 같이 말한다.

> 많은 사람들의 제도를 책임지고자 하는 사람들은 인간의 본성을 바꾸는, 말하자면 완전하고 고독한 모든 각 개인들을 더 큰 전체의 일부분으로 변형시킬 수 있다고 스스로 생각하고 있음에 틀림없다. 그리고 너 큰 선제로부터 인간은 어느 정도 그의 존재와 삶을 받아들인다. 또한 이런 사람들은 이것을 강화시킬 목적으로 사람의 체질을 바꾸어서 우리 모두가 자연으로부터 받은 육체적이고 독립적인 존재 대신에 도덕적이고 불완전한 존재를 대신할 수 있다고 생각하고 있음에 틀림없다.[11]

---

11) Ibid., p.36.

추가로 루소는 만일 리더들이 성공적으로 집단의 의지를 이끌어나가려면 자신의 영감과 지혜의 근원으로서 신적인 권위를 확보해야 한다고 제안했다. 즉, 다른 이들의 의지에 영향을 끼치려는 이들은 신이 자신들의 판단을 인정했다는 것을 선포해야 한다는 것이다.

국가를 세운 모든 사람들은 하늘의 도움을 받았으며 동시에 그들 자신의 지혜로부터 기원하는 모든 것을 신의 은혜로 돌렸다. 사람들은 이것을 자연법과 관련지을 수도 있을 것이다. 그리고 사람들은 사람을 조직했던 바로 그 힘이 도시를 건설했다는 것을 인정하면서, 기꺼이 복종하며 공공의 행복에 필요한 몇 가지의 구속들을 감내한다.

속물들이 이해하는 바와 달리 이와 같이 숭고한 이성이란 입법자들이 사람들의 결정들을 신의 말로써 표현하는 것이며, 그런 결정들은 신적 권위의 승인 하에 이루어질 수 있을지도 모른다. 만약 그렇지 않다면 아무리 인간 개인이 신중하게 행위를 한다고 하더라도 그 수행은 불가능할 것이다.[12]

많은 점에서 루소가 제시한 입법자들은 플라톤의 철인왕과 유사하다. 그들은 자신들만이 궁극적인 선을 알 수 있으므로 자신들의 능력에 비해 부족한 이들을 정의로 이끄는 역할을 맡게 된다. 플라톤이 이러한 계급 제도는 자연법의 일부로서 존재한다고 말한 반면, 루소는 계급 제도가 동등하게 시작되었다

---

12) Ibid., p.38.

고 일관되게 주장했다. 비록 지도자가 능력과 이해력 면에서 뛰어나다 할지라도 그 또한 결국 자신의 추종자들처럼 일반 의지에 종속되어 있다는 것이다.

결론적으로 리더의 임무는 추종자들로 하여금 리더 자신의 생각이 곧 그들의 생각이므로 자신의 의지가 곧 그들의 의지라는 것을 설득하는 것이다. 레스터 크로커(Lester Crocker)는 자신의 저서 『루소의 사회 계약(*Rousseau's Social Contract*)』에서 다음과 같이 설명하고 있다.

안내자이자 입법자의 직무는 대중들이 생각해야만 하는 것과 그들이 원하는 것을 그들에게 말하는 것이다. 대중들이 충분하게 정보를 제공받도록 하는 사람이 바로 그다. 교육을 위한 국가의 역할은 입법자와 더불어 시작되며, 교육의 목적은 의지를 변화시킴으로써 동의와 자유를 이끌어내는 것이다. 사람들은 그들 자신의 욕망에 마땅히 순응해야 한다. (중략) 안내자의 역할은 시민들이 자신의 의사 결정을 해야만 할 때 꼭 결정을 하도록 하는 것이다. 그리고 시민들이 원할 때 그들이 마땅히 원해야 하는 바를 원하도록 하는 것이다. (중략) 따라서 루소는 '교도 민주주의(guided democracy)'의 창시자다.[13]

그러므로 성공적인 리더는 다른 이들을 설득해서 그들의 의지를 자신의 의지에 부합시킬 줄 아는 사람이다. 이런 방식으

---

13) Lester G. Crocker, *Rousseau's Social Contract* (Cleveland, OH : Case Western University Press, 1968), p.74.

로 조직의 통일성은 손상되지 않고 지속한다. 이러한 사실은 일반 의지가 법과 여론에 부합되므로 더욱 강조된다. 루소는 공동체 안에서의 법적 관계를 논하면서 다음과 같이 설명한다.

이러한 세 가지 법에는 또 다른 네 번째 법이 포함되어야 하는데, 네 번째는 가장 중요한 것이어서 놋쇠나 대리석에 새겨진 것이 아니라 시민의 마음속에 새겨져 있다. 이것이 국가의 진정한 헌법을 만들며, 이것의 힘은 시간이 지날수록 커진다. 그리고 모든 다른 법이 약하거나 심지어 소멸될 때, 이것은 다른 법을 소생시키거나 이들의 위치를 대신한다. 이것은 한 민족 사이에 제도의 진정한 정신을 보전하고 눈에 띄지 않을 정도로 아주 천천히 권위의 힘 대신에 습관의 힘을 사용한다. 나는 예절과 도덕, 풍습 그리고 무엇보다도 여론에 대해서 말하고 있다. 왜냐하면 이런 것들은 우리 정치 사상가들에게는 알려지지 않은 것이지만 모든 다른 것의 성공이 결정되는 수단이기 때문이다. 위대한 입법자는 아치의 곡선인 특정한 법에 그의 관심을 제한하는 것처럼 보일지라도, 그는 예절과 도덕, 풍습 그리고 여론에 대해 매우 신중한 배려를 한다. 반면에 느리게 형성되는 예절과 도덕은 마침내 고정된 기본적인 규범이 될 것이다.[14]

결론적으로 리더는 추종자들의 의견에 영향을 끼쳐야 하면서도 이를 은밀하게 하여 추종자들이 그러한 사실을 알지 못하게 해야 한다. 사적 의지에 대한 환영은 유지되도록 함으로써 추종자들의 개인적 자유에 대한 믿음이 반드시 유지되도록 해

---

14) Rousseau, op.cit., p.49.

야 하는 것이다.

리더십의 양자 관계에 관한 우리의 물음에 대한 루소의 대답으로 돌아가보면, 표면적으로는 지도자와 추종자들이 다소 평등한 것처럼 보이더라도 실제 그들은 평등하지 않다는 것이다. 물론 지도자의 사상은 모든 이들의 권리를 위한 강한 열정을 보여주고 있다. 루소는 특권을 혐오했으며 모두를 위한 자유를 추구했다. 하지만 자유를 제공하려는 그의 노력에서 그는 개개인의 자유를 지도자의 은밀한 통제 속에 종속시킨다. 그 결과 일반 의지는 가장 설득력 있고 교활하면서도 거짓인 것으로 드러나게 된다. 그러므로 루소는 인간을 본질적 자유 → 사회적 자유 → 도덕적 자유의 방향으로 고양시키려는 시도 속에서 인간을 소수 특권층에 의해 조작되도록 하였다. 크로커는 이러한 관계를 다음과 같이 기술한다.

인간은 다시 창조되고 지속적인 통제를 받지 않는다면, 선과 악을 구별하거나 사회적으로 해로운 것보다 개인적으로 유용한 것을 선호할 수 없게 될 것이다. 그러므로 판단과 결정은 리더 중 중추적인 한 명에게 속한다. 정확하게 생각하거나 결심할 수 없는 사람들은 순종하고 믿도록 요구받는다. 루소는 사람들의 이성이나 충동에 대한 확신을 가지지 않고 있기 때문에, 그의 전체적인 사상은 자치와 자유를 가장한 몇 명의 볼마르(Wolmarian) 리더들이 숨어서 통치하는 제도를 말한다.[15]

---

15) Crocker, op.cit., p.87.

이러한 관점에서라면 리더는 결국 다른 이들로 하여금 공공선에 대한 상호 이해를 이루어낼 수 있도록 설득할 수 있어야 한다. 루소의 가르침에 의한 리더는 추종자들을 위해서 봉사해야 한다고 말하면서, 리더가 될 수 있는 궁극적인 근원은 감춰진 통제를 유지할 수 있는, 즉 사람들 간의 자유와 평등에 대한 환영을 지속할 수 있는 능력에 기인한다고 본다.

비록 루소의 가르침에서는 누가 대중을 리드해야 하는가에 대한 확실한 답을 알 수는 없지만, 여자들에게 리더의 자격을 부여하지 않은 것은 확실하다. 그는 자신이 생각하는 교육 제도를 기술하면서, 여자는 남자들과 달리 다루어져야 한다고 제안하면서 여자들은 남자들을 섬기고 그들을 기쁘게 하도록 가르쳐야 한다고 말했다. 이에 대해 프로스트 교수는, "남자아이는 자신의 본성에 부합되도록 성장해야 하지만, 여자아이는 남자들의 요구에 부합되는 패턴에 맞춰져야 한다"고 설명했다.[16] 루소의 입장에서 상기 언급된 패턴은 여자들의 타고난 열등성의 문제가 아니었으며, 이는 사회가 여자들을 복종하도록 가르쳤기 때문이다. 즉, 여자의 역할은 자연에 의한 것이 아니며 관습에 의해 정의되었던 것이다.

이러한 내용이 리더십에 대한 우리의 이해를 도울 수 있지만, 물론 복잡한 문제인 것만은 사실이다. 혹자는 루소의 리더십에 관한 사상들이 서양 문화에 반하는 리더십 이론이라고 생각할

---

16) S. E. Frost, Jr., *Basic Teachings of the Great Philosophers* (NY : Doubleday Anchor Books, 1962), p.221.

수 있을 것이다. 예를 들어 우리가 만일 인간은 기본적으로 선하며 그가 속한 사회가 그의 삶에 악을 불어넣는다는 루소의 입장에 주목한다면, 20세기의 많은 행동 과학자들은 루소의 가르침에서 위안을 얻을 수 있다고 결론 내릴 수도 있다. 조직에서 인간저인 측면의 중요성을 강조하는 동기 이론들(motivational theories)을 경계하는 리더들은 루소의 가르침과 철학적으로 부합된다.

사회적 질서에서 평등주의를 옹호하는 리더들은 루소의 철학적 신념을 공유하고 있다. 왜냐하면 다양한 방식으로 루소는 서구 유럽의 사회주의적 민주주의에 대한 정치적 기초를 닦았기 때문이다. 실제로 많은 사람들은 루소의 가르침이 거의 100년 후에 공산주의를 발생시키는 근원이 되었다고 주장한다. 어떤 경우에서든 특권과 불평등은 우리 사회와 조직에서 근절시켜야만 한다는 루소의 믿음을 공유한 리더들은 루소의 저작을 통해서 자신들의 철학적인 근거를 찾았다.

한편, 어떤 사람들은 루소의 정치 철학이 서구 사회에서 전체주의 리더십의 버팀목 역할을 하는 데 도움이 되었다고 주장할지도 모른다. 왜냐하면 그러한 독재적 리더십 양식은 통제에 바탕을 두고 있기 때문이다. 그것은 은밀하면서도 황당무계한 얘기들에 의해 조장되었다. 그것은 리더들만이 선하고 진실한 것을 구분할 줄 아는 능력을 가지고 있다고 가정할 때 난무하게 된다. 또한 독재적 리더십은 이데올로기에서 자유주의적이든 보수주의적이든 엘리트를 따라야 하는 덜 박식한 대중의 의지를 형성하는 데 영향을 주는 것이 엘리트의 임무라고 확신할 때 번성하게 된다. 정치적인 영역이나 종교적 사원이나 법인 회사의 회의실에서 발견되는 다음의 글귀들은 모두 루소의 철학에 깊이 관여하고 있는 개념들이다. 즉, '복종하고 믿어라', '정서 조절(Mind Control)', '인간 공학(Human Engineering)', '동조(Conformity)', '행동 수정(Behavior Modification)' 등이다.

게다가 당연히 나의 것과 우리의 것을 구별하려고 하는 대부분의 사람들, 즉 환경주의자들과 공산주의자들은 개인들의 사적 의지는 결국 사회 질서를 붕괴시킨다는 루소의 믿음에 공감한다. 그들은 탐욕과 이기적인 사심이 지배하게 된다면 당연히 우리의 것이라는 개념은 우리의 공동체에서 거의 자리잡을 수 없다고 하는 루소의 주장에 동조한다.

하지만 우리가 리더십을 이해하는 데 더 중요한 것은 인간 본성이 역사의 흐름에 따라 변화된다는 루소의 주장이다. 18세기 이전에 인간은 그의 본성을 항상 일정하고 일관된 것으로 간주되었다. 그것은 결코 변하지 않는 것이었다. 루소는 먼저 역사가 인간의 본질에 영향을 준다고 주장했다. 우리가 어떤 원시적인 특징을 유지하고 있을지라도, 우리가 현재 존재하고 앞으로 어떻게 될 것에 가장 비중 있게 영향을 주는 것은 사회의 관습이라고 루소는 생각했다. 그리고 이러한 주장은 매우 중요하다. 왜냐하면 루소가 인간의 본질에 대한 우리의 이해를 변화시키면서 서구 문화에서 리더십의 양자 관계에 대한 우리의 관점 역시 바꾸어놓았기 때문이다.

제8장
게오르그 헤겔 : 절대 정신의 자기 전개

"이성적인 것은 현실적이고, 현실적인 것은 이성적이다."
— 게오르그 헤겔(Georg W. F. Hegel)

18세기 후반 동안 영국과 프랑스에서 싹텄던 혁명의 배아는 정치·경제적인 격변 속에서 자라났다. 미국은 독립을 선언했으며 왕권에 대한 개념은 훼손되었다. 프랑스 국민의 의식은 혁명으로 표출되었으며, 그 이후의 나폴레옹 전쟁은 여러 유럽 국가들에게 큰 파멸을 가져왔을 뿐만 아니라 유럽 대륙 전체의 사회 질서에 위협을 초래했다.

대부분의 독일 철학자들은 영국과 프랑스 및 신세계에 그 뿌리를 두고 있는 자유의 개념을 수용하기보다는 국가의 절대적 권력을 인정하는 세계관을 옹호하면서 민주주의의 기반이 되는 자유주의의 개념을 거부했다. 그들은 개인의 자유 및 타인에게 '양도할 수 없는 권리'의 개념을 경멸하면서 책임은 자유보다 훨씬 더 중요하며, 사람은 의무의 이행을 통해서만 자기 자신을 자유롭게 할 수 있다고 주장했다.

19세기 초반에 등장한 이러한 철학자들 중에서 많은 저술을 통해 가장 큰 영향을 끼친 인물은 단연코 헤겔이었다. 그의 저술은 백과사전적이라 할 수 있는데, 그 이유는 그가 철학은 물론 종교, 예술, 윤리 그리고 역사 등 학문의 전반에 걸쳐 다루고 있기 때문이다. 우리가 리더십에 대한 더 풍부한 이해를 얻기 위해서는 반드시 그의 사상을 연구해야만 하는데, 그 이유는 그가 단순히 리더십의 양자 관계에 존재하는 개인주의를 옹호하는 학자들과는 다르다는 점과 우리의 사고 영역을 사회 계약의 본질을 넘어 확대해야 한다고 주장했기 때문이다. 우리는 인간의 본질에 관한 개념은 물론이고 존재의 총체성을 탐구하기 위해 헤겔의 사상을 검토해야만 한다.

우리는 리더십 탐구를 위한 여행을 헤겔이 믿는 바, 즉 마음 (mind)은 단순히 모든 현실을 포함하는 대우주 속의 또 다른 소우주라는 이해를 바탕으로 시작하고자 한다.

이러한 개념에 따르면, 헤겔은 이상주의자라 말할 수 있겠지만 그는 인간의 지식이 외적 이상을 지향한다고 믿지 않았다. 그 대신 그는 인간의 생각들이 곧 이상의 일부라고 생각했다.

헤겔은 자신의 철학을 발전시키면서 인간의 지식은 항상 변화한다는 것을 깨달았다. 인간은 무의식에서 의식적인 상태로 지속적으로 이동함으로써 깨닫게 된다는 것을 확인한다. 그런 후 지식은 깨닫게 된 진실의 반대 급부를 발견함으로 인해 내적 갈등을 일으킨다. 마침내 지식은 내부의 일치를 회복하기 위해 반대하는 모든 요소를 하나로 통합한다. 프로스트 교수는 이러한 과정을 다음과 같이 요약하고 있다.

만일 누군가가 정신에 대해 연구하게 된다면, 그것은 모순, 불일 치, 반대되는 것으로 가득 차게 될 것이다. 하지만 좀더 연구해본다 면 정신에는 하나의 과정이 있으며, 그 과정에 의해서 반대되는 각각 은 양쪽 모두를 포함하지만 더 높은 차원의 합(合)으로 화해되고 있 음을 알 수 있다.

이런 과정은 어느 곳에서든 존재한다. 먼저 정(thesis) 혹은 긍정 (affirmation)이 존재한다. 다음에 우리는 이런 정에 반(antithesis) 혹은 모순(contradiction)을 발견한다. 사고의 가장 높은 형태는 한 단계 더 높이 생각하는 것을 고양시키는 합(synthesis)을 통해서 양 자를 화해시킨다. 인간 정신은 모순에서 멈추는 것이 아니라 합을 이룸으로써 모순을 제거하려고 노력한다. 이것은 타협과 혼돈해서 는 안 된다. 진정한 합에서 양자, 즉 정과 반의 가치는 보존되고 이들 은 새로운 가치를 향해서 함께 움직인다.

그러므로 정신의 가장 높은 기능은 전체를 아우르고 반대되는 것 들을 통합시키게 할 수 있는 능력이다. 이를 통해서 인간은 인간 본 질의 최고점에 도달한다. 사고는 단순한 개념에서부터 좀더 복잡한 개념으로, 개별적인 것으로부터 좀더 풍부하고 완전한 것으로 움직 인다.[1]

---

1) S. E. Frost, Jr., *Basic Teachings of the Great Philosophers* (NY : Doubleday Anchor Books, 1962), pp.258-259.

헤겔은 정신과 본성이 형성되는 과정은 동일하다고 믿었다. 인간의 생각들이 변증법적 과정을 통해 발전하는 것과 같이, 모든 현실 세계의 보편적인 정신 또한 변증법적 과정을 거친다. 그 과정은 하나의 명제인 '정'으로부터 시작하여 '반'의 과정을 거쳐 결국 '합'으로 귀착된다. 이러한 합으로부터 또 다른 대립(antithesis)이 발생하고, 이 모순은 한 단계 발전된 또 다른 종합(ad infinitum)을 이루어낸다.

따라서 역사는 이러한 변증법이 전개되는 과정에 대한 기록인 것이다. 인간은 이상으로부터 분리된 것이 아니라 그 일부분이다. 이와 같이 인간의 정신은 신의 정신과 합일을 이룬다. 이러한 영혼(Spirit) 또는 정신(Geist)이 세상을 움직이는 원동력이다. 헤겔은 "이성은 세상의 본질이며, 이성을 통해서 또는 이성에 의해서 모든 현실이 존재한다"고 말한다.[2] 이에 대해 역사학자인 리차드 타르나스(Richard Tarnas)는 다음과 같이 설명한다.

세계는 신의 의지가 구현된 기록물이다. 신의 전개, 지속적으로 되어가는 과정, 거대한 드라마의 역사며, 그 속에서 세계 자체가 자신을 계시하면서 자신의 자유를 달성한다. 투쟁과 진화를 통해 세계의 '궁극적 목적(Telos)'은 구현된다. 이러한 위대한 변증법에서 모

---

[2] Georg W. F. Hegel, *The Philosophy of History*, trans. J. Sibree, as reprinted in Great Books of the Western Mind, vol. 46 (Chicago : Encyclopedia Britannica, Inc., 1952).

든 잠재력은 계속 증가하는 복잡성의 형태에서 구체화되고 점차로 되어가는 근원적인 상태 속에 있는 모든 불명확한 것이 명확하게 되어가고 있다. 인간의 사고, 문화, 역사는 그 전개 과정의 중심, 즉 신의 영광을 담고 있는 그릇이다. 그러므로 헤겔에게 신학은 역사에 대한 이해라고 할 수 있다. 왜냐하면 신은 창조를 넘어 존재하는 것이 아니라 창조 과정 그 자체이기 때문이다. 인간은 현실에 대해서 수동적인 구경꾼이 아니라 활동적인 공동 창조자며, 인간의 역사는 이것을 완성시키는 모형(matrix)이다. 모든 사물을 구성하고 관통하는 보편적인 본질은 마침내 인간 속에서 그 자체로 의식된다. 인간의 오랜 혁명의 정점에서 인간은 절대적 진리를 얻게 되고, 인간 내에서 스스로 실현되는 신의 정신과 더불어 통합되고 있음을 인식한다.[3]

이와 같은 관점에서 우리는 리더십 양자론의 본질과 관련한 헤겔의 사상을 해석할 수 있다. 로크나 루소와는 달리 헤겔은 인간의 양도 불가한 권리에 대해 어떠한 전제도 하지 않았다. 헤겔은 자연 상태의 인간이 동물보다 나은 것은 별로 없다고 말한다. 그러한 상태의 인간은 미개하며 야만적이다. 원시적인 상태에서 인간은 자신의 의식을 자각하지 못한다. 즉, 자유는 의식의 활용을 요구하기 때문에 인간은 자유롭지 못하다. 그래서 인간은 자유롭지 못한 상태에서 산다. 헤겔은 그의 저서 『역사철학』에서 다음과 같이 설명한다.

---

3) Richard Tarnas, *The Passion of the Western Mind* (NY : Ballantine Books, 1991), p.381.

우리가 자연 상태의 실제적 경험 속에서 그런 본질 상태가 무엇인지를 아는 것은 본질적인 상태의 개념에 대해 정확하게 답하는 것이다. 근원적이고 본질적인 것의 이상으로서의 자유는 근원적이고 본질적인 것으로 존재하는 것은 아니다. 오히려 자유는 먼저 추구되고 성취되어야만 하며, 지적이고 도덕적 힘의 헤아릴 수 없는 중간의 규율에 따른다. 그러므로 본성의 상태는 불의와 폭력, 길들여 있지 않은 본성적인 충동, 비인간적인 행동과 감정과 같은 것이다. 사회와 국가가 분명히 제한을 만들지만, 그것은 단순히 야수적인 감정과 야만적인 본능에 대한 제한이다. 이것은 역시 더 성숙한 문화 단계에서 변덕과 열정이라는 사전에 모의된 자기 본위에 대한 제한과도 같다. 이런 종류의 제한은 방편의 일부며, 이런 방편에 의해서 자유와 이를 달성하고자 하는 의식을 자유에 대한 가장 진실되고 이성적이며 이상적인 형태로 확보할 수 있게 될 것이다. 자유라는 이상에서 법과 도덕은 반드시 필수품이며, 이 둘은 원래 스스로 보편적인 존재이자 대상이며 목적이다. 이들은 사고의 활동에 의해서만 발견되고, 사고의 활동은 그 자체를 스스로가 그것에 반대되는 것, 즉 단지 감각적이며 발전적인 것과는 분리된다. 다른 한편으로 그것은 근원적으로 감각 의지로 구체화되어야만 하고, 타고난 성향과는 반대된다.4)

이상적인 자유는 현실이 발전해나가는 것이므로 원시적인 상태에서 인간의 자유는 존재하지 않았다. 그러므로 의식하지 못한 상태에서의 자유는 존재할 수 없으며, 인간이 진화를 시작하면서 이상적인 자유의 상태를 의식하기 시작한 것이다. 인

---

4) Hegel, op.cit., pp.171-172.

간은 지속적인 정, 반 그리고 합을 통해서 법을 발전시켰으며, 동일한 과정을 통해서 문화와 종교도 발달되었다. 인간은 사회의 여러 제약을 받아들였고, 이상을 실현하기 위한 책임과 의무의 개념을 통해 동물적 존재의 열정과는 구분될 수 있었다.

그러나 자유는 투쟁 없이 쟁취되지 않는다. 갈등이 발전을 이루기 위해 필수적인 이유는 그것이 변증법을 통해서 발생되기 때문이다. 이러한 연장선상에서 보면 전쟁조차도 선한 것으로 인식될 수 있다. 한편, 평화도 악으로 간주될 수 있는데, 그 이유는 평화가 정과 반 안에 내재된 반대 급부를 통합하는 데 실패했기 때문이다. 헤겔은 "세계의 역사는 행복의 장이 아니다"라고 말하면서, "행복은 조화, 즉 반이 정지된 시기에 존재하는 빈 페이지다"라고 설명한다.5) 철학자인 윌 듀란트(Will Durant)는 헤겔이 주장하는 자유 쟁취를 위한 인간의 투쟁에 대하여 다음과 같이 설명하고 있다.

투쟁과 악은 단지 부정적인 인식에 불과한 것이 아니라 충분히 실제적이다. 하지만 지혜라는 관점에서 보자면 이들은 완성과 선의 단계다. 투쟁은 성장의 법칙이며, 성격은 세계라는 폭풍과 압박감 속에서 형성된다. 그리고 인간은 강요, 책임 그리고 고통을 통해서만 최고 높은 경지에 도달한다. 심지어 고통도 그 자체로 합리적 근거를 가지고 있다. 고통은 삶에 대한 신호며 재건에 대한 충동이다. 정열 역시 그 존재 이유가 있다. 세상에서 어떠한 위대한 것도 고난 없이

---

5) Ibid., p.165.

는 달성되지 않았기 때문이다. 그리고 심지어 나폴레옹의 이기주의
적인 야망도 부지불식간에 다른 나라의 발전에 기여하고 있다. 삶은
행복을 위해서 이루어지는 것이 아니라 업적의 달성을 위한 것이다.
(중략) 젊은 시절에 주저함과 어색함도 성장 과정에서 점차 편하고
질서 있게 되어가는 것처럼, 역사는 현실의 모순들이 성장을 통해서
해결되는 시기에만 만들어진다. 역사는 변증법적인 움직임이며 거
의 일련의 진화다. 이 속에서 모든 평범한 사람들과 천재들은 절대
정신의 도구가 되어간다.6)

그러므로 자유는 인간의 의식 단계를 매번 향상시키는 역사
의 갈등을 통해서 발전한다. 본질적으로 인간은 자유롭지 못하
다. 모든 인간은 자신의 열정과 충동에 사로잡혀 있다. 의식의
발전에 따라 인간은 자신의 자유를 의식하게 되지만 여전히 타
인의 자유까지 인식할 수 있는 의식은 결여되어 있다. 인간은
합을 이루기 위한 투쟁을 거치면서 이상적인 자유, 즉 모든 인
간이 자유롭다는 진실을 깨닫게 되고 자신의 의지를 구현하면
서 절대성을 확인하게 된다. 그러고 나서야만 인간은 진실로
자유롭게 된다. 헤겔은 역사상의 예를 들어서 다음과 같이 설
명한다.

동양인들은 영혼이 자유롭다는 사실을 깨닫지 못했다. 동양인들
은 이 사실을 몰랐기 때문에, 한 개인은 자유롭다는 것만 알 뿐이었

---

6) Will Durant, *The Story of Philosophy* (NY : Time Inc. Books Division, 1962), p.277.

다. 하지만 이것에 대한 설명에서, 그 한 사람의 자유는 단지 제멋대로 하는 행동이다. 그의 행동은 열정에 의한 난폭하고 무모한 사나움 혹은 온순함과 욕망의 길들임은 그 자체로 단지 본성에 대한 하나의 우연성이며 결국 그것도 전자와 같은 행동이다. 그러므로 그런 한 사람은 한 명의 자유민이 아니라 폭군이다. 자유에 대한 의식은 처음에 그리스 사람들 사이에서 발생했다. 그러므로 그들은 자유로웠다. 하지만 로마인들은 모든 인간이 아니라 몇 사람만이 자유롭다는 것을 알았다. 심지어 플라톤과 아리스토텔레스도 이것을 몰랐었다. 그리스인들은 노예가 있었고, 이들이 생활하고 그들의 빛나는 자유를 유지한다는 것은 노예 제도를 인정하는 것이었다. 게다가 한편으로 그런 자유는 단지 우연적이고 일시적이고 제한적인 성장을 가져왔지만, 다른 한편으로 이것이 공통된 인간의 본성에 대한 엄격한 속박을 가했다. 기독교의 영향 아래 독일에서는 인간이 자유로운 존재며 자유의 본질을 구성하는 것은 영혼의 자유라는 의식에 도달했었다.[7]

그러므로 이상적인 자유는 인간의 본질적인 영역에 속한 것이 아니라 그 존재를 인식하는 사람들 사이에서 발전하는 것이다. 반드시 자유는 그에 따른 의무를 수반한다. 자유롭기 위해서 우리는 이성적으로 책임을 져야만 한다. 열정의 속박으로부터 벗어나고 본능적인 충동을 기꺼이 통제하는 것은 우리의 의무다.

그렇게 함으로써 우리는 주관성으로부터 스스로를 자유롭게 하고 영혼, 즉 절대 정신에 동참하게 된다. 헤겔은 "인간 개개

---

7) Hegel, op. cit., p.161.

인이 의무를 통해서 자신만의 본질적인 자유를 얻는다"고 말한다.[8] 인간의 덕은 우리의 정신을 보편적인 정신, 즉 영혼의 정신과 합일시킴으로써 얻어질 수 있다. 이러한 덕은 우리가 그 실행 목적을 깨닫게 될 때 얻어지게 된다. 헤겔에게 이러한 정신은 국가적 차원에서 그 최고조에 이르게 된다. 그 정신은 개개인의 이익을 보편적 정신과 합일케 하는 법과 관습에 내포되어 있다. 정, 반 그리고 합을 통해서 국가는 정신의 하나됨을 제공하기 위해 발전되었다.

헤겔의 '보편적 정신(the Universal Mind)'은 루소의 일반 의지와 혼동되어서는 안 된다. 그것은 사람들의 전체적인 의지를 의미하지 않는다. 어떠한 경우에도 헤겔의 보편 정신은 개개인의 특정한 의지에 의존하지 않으며 도리어 신성함을 내포하고 있다. 그것은 스스로 깨닫는 절대 정신이다. 그러므로 헤겔은 루소나 로크를 포함한 국가를 위해 개개인들이 동참해야 한다고 주장하는 이들을 비웃는다. 헤겔이 생각하기에 국가가 개인을 위해 존재하는 것이 아니고 개인이 국가를 위해 존재한다는 것이다. 헤겔은 『권리의 철학(*Philosophy of Right*)』에서 그의 추론 과정을 다음과 같이 설명하고 있다.

모든 개개인들이 정치적인 일들을 결정짓고 실행하는 것에 동참

---

8) Georg W. F. Hegel, *The Philosophy of Right*, trans. T. M. Knox, as reprinted in *Great Books of the Western Mind*, vol.46 (Chicago : Encyclopedia Britannica, Inc., 1952), p.56.

해야 한다고 생각하고 있다면, 그들은 국가의 구성원이며, 국가의 관심이 개인의 관심이다. 개인들의 지식과 의지를 가지고 처리되어야만 한다는 것은 개인의 권리에 근거해서 모든 개인이 전반적인 관심을 가진 정치 문제를 생각하고 결정하는 데 함께 해야만 한다고 주장하는 것이다. 이는 비록 국가가 하나의 조직 형태를 소유하고 있을지라도 국가라는 유기적 조직에 어떤 이성적인 형태가 없는 민주적인 요소를 적용하려는 주장에 해당된다. (중략) 구체적인 국가는 특정한 집단 속에서 명료하게 표현되는 전체다. 한 국가의 구성원은 하나의 사회적 계급의 구성원이며, 이것은 우리가 국가를 다루고 있을 때 그가 고려한 이런 객관적인 방식으로 특징지워진 것이다. (중략)

모두 사람들이 국가가 하는 일에 참여해야만 한다는 생각의 또다른 전제 조건은 모두가 이 일에 정통해 있어야 한다는 것이다. 이런 생각이 아무리 평범하게 받아들여지고 있다고 할지라도, 이것은 터무니없는 생각이다. (중략)

윤리적 질서를 지닌 법과 제도가 자유라는 개념을 구성하고 있기 때문에, 그것들은 개인들의 실체이거나 보편적인 본질이다. 그래서 개인들은 단지 우연한 사고처럼 법과 제도와 관련되어 있다. 개인이 존재하거나 그렇지 않거나 하는 것은 객관적 윤리 질서에서는 구분되지 않는다. 그것은 영원하며 개인들의 삶을 조정하는 힘이다. 그래서 신이 절대적으로 존재하는 것처럼 개인들의 공허한 일, 즉 단지 시소 놀이를 하는 인간은 윤리적 질서를 영원한 정의로서 재현해오고 있다.[9]

---

9) Georg W. F. Hegel, Philosophy of Law, William Ebenstein & Alan O. Ebenstein, eds., *Great Political Thinkers : Plato to the Present*, 5th ed. (Fort Worth : Harcourt Brace College Publishers, 1991, pp.695-696.

이미 명백히 알 수 있듯이, 헤겔은 민주주의를 거의 인정하지 않았다. 이는 그에게 국가의 발전은 마치 속세에서 일어나는 신의 자기 전개이기 때문이다. 이는 인간 의지가 반영된 것이 아니라 역사를 통해 발전하는 이상, 즉 절대 정신이자 신이다.

그렇다면 누가 리드를 해야만 하는가? 절대 정신은 누구에게 다스릴 수 있는 권한을 부여하는가? 무엇이 한 사람으로 하여금 또 다른 사람의 복종을 낳게 할 권리를 부여하는가?

헤겔에게 그 대답은 간단하다. 국가는 군주가 이끌어야만 한다. 좀더 구체적으로 말하자면, 이러한 국가 제도는 사회를 형성하고 있는 여러 계급을 대표할 수 있는 공직자 및 대표자들을 구성하고 있는 입헌군주제인 것이다. 군주제는 국가를 한 곳으로 집중하고 구성원들 간의 단결을 용이하게 한다. 헤겔은, "국가의 의지가 집중되는 이러한 궁극적 자아는 추상적으로 단수적인 자아며 그러므로 즉각적인 개인(immediate individuality)이다"라고 말한다.10) 국가는 여러 의견이 존재하는 영역으로 떨어지지 않는다. 또한 군주의 통치 아래 리더십의 부재란 있을 수 없다. 헤겔은 "이는 한 명의 지도자에 의해 실제 모든 것이 결정되고 이루어지기 때문에 반드시 가능하다"고 주장하고 있다.11) 그는 계속해서 다음과 같이 주장한다.

태어나면서부터 발생하는 권리와 상속을 통한 권리는 합법성의

---

10) Hegel, *Philosophy of Right*, p.94.
11) Ibid.

기초, 즉 단순히 적극적인 것만이 아니며, 그것은 이데아의 세계에 있는 권리에 기초하고 있다. 왕위 계승이 엄격하게 결정되었다면(예를 들어 그것이 세습이라면), 왕이 서거했을 때 분열을 미연에 방지할 수 있을 것이다. 하지만 이것은 세습적 왕위 계승의 한 측면이며, 이것은 가장 선호되면서 하나의 관점으로써 오랫동안 정당하게 강조되어오고 있다.12)

헤겔의 입장에서 군주의 존재는 그 자체만으로도 국가의 안정을 제공하므로 누가 군주가 될 것인가는 그리 큰 문제가 아니다. 왜냐하면 개개인의 특징은 중요하지 않기 때문이다.

군주제는 본래부터 안정적이며, 누가 군주의 자리에 위치한다고 해도 그것은 개인적 성격의 문제이지 전체를 결정하는 중대한 문제는 아니다. (중략) 잘 정비된 군주 정치에서, 객관적인 특징은 단지 법에 속해 있으면 단지 군주의 역할은 주관적인 '내가 … 할 것이다'라는 법으로부터 시작된다.

* * *

군주는 육체적으로나 지적으로 특별한 재능이 있어서 다른 이들과 구분되는 것이 아니다. 수백만 명이 군주들에게 복종한다. 사람들이 자신의 이익, 목적 그리고 의도에 반하여 통치받기를 허용한다고 오늘날의 시점에서 말하는 것은 터무니없는 일이다. 사람들은 그렇게 어리석지 않다. 그것은 그들의 필요에 의한 것이고, 이데아의 내적인 힘이다. 그들이 생각하는 것처럼 보이는 것과 그 반대의 이데아

---

12) Ibid., p.95.

내적인 힘은 사람들을 복종하도록 강제하며, 그런 관계 속에 그들을
유지시키고 있다.[13]

물론 군주 외의 다른 사람들은 정부의 기능을 수행해야만 한
다. 누가 어떠한 리더십의 자리에 있다고 해도 헤겔은 그 자격
요건을 지식에 근거해야 한다고 주장했다. 그리하여 그는 "무
지한 사람이나 더 많이 알고 있는 체하는 사람이 아닌 실제로
더 많이 알고 있는 사람이 통치해야만 한다"고 말한다.[14]
플라톤과 마찬가지로 헤겔의 주장은 모든 이들이 똑같은 재
능과 능력을 가지고 태어나지 않았다는 것이다. 모든 이들이
선천적으로 지도자의 자질을 가지고 태어난 것은 아니다.

인간은 본질적으로 불평등한 존재다. 여기서 불평등성은 본질의
요소에 속하며, 시민사회에서 특수한 권리는 이런 본질적인 불평등
성을 전혀 무시하는 것이 아니라 인간의 정신, 기술 그리고 재주 등
이 불평등하며, 심지어 도덕적이고 지적인 부문에 대해서도 불평등
성의 문제를 제기한다. 이런 권리에 반대하는 것은 추상적인 평등과
당위성을 실제적이고 이성적인 것으로 잘못 이해하는 것이다.[15]

사람들 사이의 이러한 불균등함을 설명하기 위해 헤겔은 세
가지 계급으로 시민을 분류했다. 본질적인 혹은 직접적인 농경

---

13) Ibid., p.146.
14) Hegel, *Philosophy of History*, p.368.
15) Hegel, *Philosophy of Right*, p.67.

계급은 흙과 더불어 일하고 곡식을 추수하는 이들이며, 이러한 일들은 의지의 반영이나 독립을 거의 요구하지 않는다. 어떤 층을 대변하거나 이익을 반영하는 혹은 공식적인 상공 계급은 숙련된 장인, 제조업자, 무역업자 및 은행가 등이다. 보편 계급은 공무원들로서 모든 시민의 필요를 담당하는 것이 그 임무다. 플라톤의 철인왕과 유사하게, 보편 계급의 구성원들은 자신들의 전부를 시민들의 복지에 헌신하기 때문에 육체적 노동은 하지 않아도 된다.

그러나 헤겔은 계급을 카스트 제도와 같이 출생에 의해 직업이 결정되는 구조로 정의하지 않았다. 그 대신 그는 평생 사람의 지위는 개개인의 의지 및 열정에 부합된 천부적 재능에 의해 결정되어야만 한다고 가르쳤다.

인간은 자신이 무언가 명확한 존재가 되었을 때 비로소 자아를 실현한다. 하지만 이것은 자신을 특별한 필요 영역 중 하나에 독점적으로 제한한다는 것을 의미한다. 이런 계급 체계에서, 정신의 윤리적 틀은 정직과 단체 정신, 즉 스스로를 유지시키고 세계와 중재하는 과정을 통해서 제 힘으로 꾸려나가기 위해서 자신의 에너지, 근면성 그리고 기술을 통해서 자신의 행동에 의해 스스로를 시민사회의 한 구성원으로 만드는 성향이다. 이런 방식으로 자신과 타인의 시각 모두로부터 공감을 얻게 된다.[16]

---

16) Ibid., p.69.

헤겔은 개개인을 계급으로 분류했지만, 그 계급에 상응한 사람들의 일정한 권리를 기꺼이 인정했다. 모든 이들은 자기 자신과 그 삶을 영위하는 데 권리를 가지고 있다. 그러므로 그 누구도 다른 사람의 노예가 되어서는 안 된다. 모든 이들은 개개인의 능력에 맞는 직업을 선택할 권리가 있으며 개인의 재산을 소유할 권리가 있다. 모든 이들은 또한 상호 동의 하에 교역할 권리가 있다. 헤겔에게 이러한 권리들은 홉스나 로크가 주장하는 자연법에 의한 것이 아닌 더 높은 절대 정신에 근거를 두고 있다.

19세기 중반까지 남녀 평등을 주장할 정도로 의식이 성숙된 것은 아니었다. 비록 헤겔이 플라톤주의자일지라도 남자와 여자 간의 능력 차이에 대해서는 명확하게 구별을 두었다.

여자는 교육받을 수 있는 능력이 있기는 하지만, 더 발전한 과학, 철학 그리고 예술적 활동과 같은 보편적인 기능을 수행하도록 만들어지지는 않았다. 여성은 행복한 생각, 취향 그리고 우아함을 가질 수 있을지도 모르지만, 이상적인 것에는 도달할 수 없다. 남성과 여성의 차이는 동물과 식물의 차이와 같다. 남성이 동물에 해당된다면 여성은 식물에 해당된다. (중략) 여성이 정부 정권을 잡게 되면 국가는 즉각 위험한 상태에 처하게 된다. 왜냐하면 여성은 보편적인 요구에 의해서가 아니라 자의적인 경향과 의견에 의해서 자신의 행동을 조절하기 때문이다. 여성은 지식을 얻는 것보다는 삶을 살아가고 사유를 만끽하면서 소위 어떻게 살아가는지를 알게 된다. 반대로 성인 남성의 경우 사상과 많은 기술적인 노력을 통해서만 도달된다.[17]

이와 같이 헤겔의 리더십론은 명확하다. 플라톤과 같이 그는 가장 지적인 사람, 즉 본인의 의식으로 보편적 정신을 인식할 수 있는 능력을 보유한 자가 리더십의 역할을 수행해야 한다고 믿었다. 군주에 대해 말하자면, 군주 리더십은 그 자신의 선천적이 권리며, 그 외의 사람들에게 리더십은 타고난 능력과 개개인의 의지가 조합되어 반영된 것이다. 이와 같이 역사를 통한 보편적 정신으로서의 변증법을 바라보는 헤겔의 관점은 "리더는 만들어지는 것이 아니라 타고난 것이다"라는 고대 그리스인들의 주장을 뒷받침하면서, 이를 한 단계 더 발전시킨 것이다. 헤겔은 개개인의 능력을 통한 리더십의 가능성을 인정할 뿐만 아니라 그들이 리드할 수 있는 기회를 제공하는 역사의 수렴성 또한 인정하고 있다.

위대한 사람은 미래의 태생적 아버지라기보다는 미래의 산파라고 할 수 있다. 시대 정신이 위대한 사람들을 양육시킨다. 타인이 했던 것처럼, 천재는 단지 큰 건물 위에 돌멩이 하나를 놓을 뿐이다. 그렇게 해서 그는 마지막에 오는 큰 부를 가지게 되며, 그가 돌을 놓았을 때 아치는 스스로 지탱하게 된다. 그런 개인들은 그들이 전개하고 있었던 일반적인 이데아를 전혀 의식하지 못했다. (중략) 하지만 그들은 시대적 요구에 통찰력을 가지고 있었다. 이것이 바로 그 시대에서의 진리다. 말하자면 그 진리는 그 시대의 흐름 속에서 이미 형성된 것이다.[18]

---

17) Ibid., p.134.
18) Durant, op. cit., p.277.

의문의 여지없이 이곳 저곳에는 헤겔의 리더십 양자 관계와 맥락을 함께 하는 여러 예들이 있다. 많은 사람들이 리더로서의 역할이 자신들에게 맡겨졌다고 인정한다. 그들은 단지 운명적으로 절대 정신에 의해 주어진 역할을 수행한다. 예를 들어 체코슬로바키아의 폭동을 볼 때, 새롭게 선출된 체코의 대통령 바클라브 하벨(Vaclav Havel)은 다음과 같이 언급했다.

이 모든 대변혁은 이 세상 그 누구도 표현할 수 없을 만큼 아주 특별한 드라마다. 이것은 모든 장르의 특징을 가지고 있다. 이것은 부조리극이며, 그리스 비극이며, 골돈의 익살극(Goldonian farce)이며 요정의 이야기다. 그리고 나는 감독에게 단지 두 번째 보조자이거나 아마도 배우들 중의 한 명에 지나지 않다. (중략) 이것은 내가 선택한 것이 아니라 운명이었다. 하지만 나는 그것을 수용하고, 내가 여기에서 살고 있기 때문에 나의 조국을 위해서 어떤 일을 하려고 한다.[19)]

하벨은 서양 문명의 리더들이 어떻게 헤겔의 영향을 받았는지 보여주는 한 예일 뿐이다. 19세기 미국의 정치 지도자들이 미국의 지속적인 팽창은 물론 텍사스의 합병을 '명백한 운명(Manifest Destiny)'이라고 생각했듯이, 그들은 헤겔의 사상을 인정하고 있는 것이 아닌가? 루즈벨트(Franklin D. Roosevelt)

---

19) Richard Z. Chesnoff, "The Prisoner Who Took the Castle", *U.S. News & World Report*, February 26, 1990, p.33.

가 자신의 세대는 운명과 만났다고 말했을 때, 그의 주장은 헤겔의 가르침에 근거를 둔 것이라고 할 수 있다.

이와 같이 지도자들이 자신의 '시간이 도래했다'고 말할 때, 이들은 자신들이 리드할 수 있는 기회는 물론 그 능력이 주어졌다는 믿음을 인정하고 있는 것이 아니겠는가? 이는 곧 그 시대 정신 또는 보편 정신을 움직이는 정신을 인정하는 것이 아니란 말인가? 리더들이 소유한 천부적인 재능과는 상관없이 당시의 상황에 따른 힘의 적절한 출현이 없었다면, 자신들이 리더가 되지 않았을 것이라고 말했을 것이다. 로마 가톨릭 교회 내부의 혼돈이 없었다면 루터(Luther)는 비텐버그(Wittenburg)에서 그의 95개항을 발표할 수 있었을까? 히틀러(Hitler)의 출현이 없었다면 과연 처칠(Churchill)이 자유 세계의 지도자들 중에서 영웅이 될 수 있었을까? 미국에서 인종 차별의 갈등이 없었다면 마틴 루터 킹(Martin Luther King)이 사회 정의를 위한 순교자가 될 수 있었을까? 역사적으로 전무한 선진 기술의 발달 없이 빌 게이츠(Bill Gates)가 현대 자본주의의 지도자가 될 수 있었을까? 헤겔에 의하면, 이 모든 일들은 불가능했을 것이다. 개개인의 정신과 보편적인 정신이 하나인 것처럼, 리더와 그가 처해 있는 상황 역시 하나다. 이 둘은 절대 정신의 전개 과정상 떨어질 수 없는 한 부분이다.

이러한 생각은 투쟁이 무언가를 달성하기 위해 고통스럽지만 반드시 필요하고 변화가 발전을 위해 필요하며, 인간의 의식은 반대 급부와의 통합을 통해서 한 단계 상승한다고 믿는 리더들에게도 동일하게 적용된다. 헤겔에 의하면 갈등이 없는 발전은 존재하지 않는다. 만족은 정체를 야기한다. 갈등은 사회의 어디서든 무언가를 이루기 위해 필요한 힘이다.

이러한 생각은 인간이 이상적 자유(Ideal Freedom)를 향해 조금씩 지속적으로 나아가고 있다고 믿는 이들에게도 동일하게 중요하다. 느리긴 하겠지만 한 걸음씩, 갈등과 통합을 거치면서 그 장소가 유고슬라비아든 파키스탄이든 이스라엘이든 티베트든 그러한 갈등은 끊임없이 지속된다. 어떠한 합이든 그 안에서는 또 하나의 반이 발전한다. 언제나 고통을 수반하지만 발전하는 과정에 있다. 오늘은 어제보다 더 많은 자유가 생기듯이 내일이면 오늘보다 더 많은 자유를 얻게 될 것이다. 모든 것은 인간이 이상적인 자유를 의식하며 발전하는 한, 있어야 할 때와 장소에 항상 머문다. 그리고 우리의 리더들은 세상을 펼쳐 나아가는 역할을 감당하므로, 우리로 하여금 미래를 낳도록 돕는 산파가 된다.

물론 모든 이들이 헤겔의 입장에 동의하지는 않을 것이다. 어쨌든 그의 사상은 서양 사회를 헤겔 이전의 철학자들과는 정반대의 방향으로 이끌었기 때문에, 그의 리더십 사상이 미친 영향은 대단했다. 헤겔의 변증법은 동유럽의 역사 과정을 바꾸어놓은 정치 철학의 기저로서 역할을 했다. 하지만 이후에 뒤따라 나온 변증법은 정신에 근거를 둔 것이 아니라 '경제'에 근거를 두고 있는데 그 핵심은 바로 유물론이었다. 다시 한 번 리더십에 대한 우리의 패러다임은 바뀌고 있다.

제9장
칼 마르크스 : 역사의 필연성

"공산주의는 역사의 수수께끼에 대한 해답이며,
그것은 이미 이러한 사실을 내포하고 있다."
― 칼 마르크스(Karl Marx)

19세기말까지 민주주의는 지속적으로 번성하였다. 자유, 평등 그리고 박애의 사상은 유럽 전체에 자리를 잡았다. 헤겔의 변증법이 새로운 철학의 사조를 일으켰던 독일에서조차 대중의 가난과 곤경에도 불구하고 상류 계급은 지속적으로 증가했다. 루소의 말을 다시 빌려 표현하자면, 굶주린 대중은 소수의 특권층이 누리는 물질적인 풍요를 더 이상 감내하지 못했다.

이러한 배경 하에 민주적 평등주의가 서양 문화 속에서 지배적인 힘으로 등장하기 시작했다. 이 힘은 헤겔의 절대성에 근거한 것이 아니었으며, 자연법 또는 사회 계약의 개념으로도 해석되지 않았다. 이 힘은 지극히 자연적인 힘의 관점에서 유래되었으며, 경제적인 자유가 없이는 정치적인 자유도 없다는 전제 하에 발전되었다. 그 이유는 인간이 사회의 생산 수단을 통제할 수 없다면 이를 통제하는 다른 누군가의 노예에 지나지 않기 때문이다.

19세기 중반의 이러한 움직임의 선봉에 칼 마르크스가 있었다. 마르크스는 그의 절친한 친구이자 동료인 프리드리히 엥겔스(Friedrich Engels)와 함께 전 세계적인 혁명을 위한 영감을 제공했다. 우리는 마르크스의 사상이 리더십의 양자 관계에 어떠한 영향을 미쳤는가를 검토하기 전에, 그가 자신의 이론을 발전시킬 수 있었던 철학적 틀을 먼저 고려해야 할 필요가 있을 것이다.

마르크스가 결코 이상주의자는 아니었다 할지라도 헤겔의 변증법으로부터 많은 영향을 받은 것만은 사실이다. 그는 역사가 현실의 근원적 힘이라는 것에 동의했다. 하지만 마르크스에게 역사적 변증법은 헤겔의 예견처럼 절대 정신이 스스로의 실체를 드러내는 것이 아니었다. 마르크스는 절대 정신 또는 시대 정신의 개념을 배척했는데, 그 이유는 사람들이 보편적이고 궁극적인 원칙들을 연역할 수 있는 선천적인 관념을 갖고 있지 않았다고 보았기 때문이다. 마르크스는 물질의 개념을 초월했다. 육체적 경험에서의 상대성은 세상에 대한 궁극적이고 보편적인 원칙들을 대신하였다. 이에 따라 인간의 가치, 종교, 문화 그리고 사회의 질서들은 지속적으로 연마되면서 결정되었다. 윌 듀란트는 마르크스와 헤겔 간의 관계에 대해, "마르크스는 시대 정신을 통하여 역사를 결정하는 절대성보다는 대중의 운동과 경제적인 힘이 모든 근본적 변화의 기본적 원인이라고 제안했다. 제국주의 시대의 교수인 헤겔은 사회주의적인 알을 부화시켰다"고 서술했다.[1]

그러나 마르크스의 변증법적 유물론의 진보적인 발전은 헤겔이 제안했던 바와 같이 국가 간의 갈등에서 등장하지 않았다. 그 대신 변증법적 유물론은 사회 계급 간의 역사적인 투쟁 속에서 표현되었다. 첫째, 마르크스에 의하면 인간은 대부분 적자생존의 과정을 통해 진화하면서 계급 없는 사회에서 살았다. 그러나 점차적으로 일부는 다른 이들을 지배하기 시작했다. 왕국이 등장했으며 왕과 그의 노예 간의 투쟁으로부터 봉건 제도가 나타났다. 그 결과로서 봉건 군주와 농노 간의 투쟁이 발생했으며 그 결과 자본주의가 탄생했다. 마르크스는 그 이후 자본주의에 내재되어 있는 고용주와 노동자를 통해 사회주의가 꽃필 것이며, 계급이 없는 사회에서 계급 간의 투쟁은 더 이상 존재하지 않으므로 사회주의 안에서 변증법은 그 완성에 이르게 된다고 믿었다. 즉, 이 단계에서 인간은 완전한 자유를 얻게 된다는 것이다. 요컨대 마르크스는 변증법적 유물론은 국가 간이 아닌 계급 간의 투쟁으로부터 전개되는 것이라고 주장했다.

결정론자였던 마르크스는 사회 계급 간의 발전은 인간의 의지와는 무관하다고 주장하면서 그러한 발전은 자연과 경제의 힘에 의해 결정된다고 생각했다. 사람은 자신이 속한 계급을

---

1) Will Durant, *The Story of Philosophy* (NY : Time Inc. Books Division, 1962), p.278.

결정하지 않으며, 계급은 역사상 당대의 경제 체제에 의해 결
정된다. 인간의 사회적 존재가 그의 의식을 결정하는 것이다.
마르크스는『독일 이데올로기』에서 인간의 본질은 그의 정신
속이 아닌, 자신이 속해 있는 역사적 상황 속에 결정된다고 주
장한다.

　역사는 시대 정신과 마찬가지로 자아 의식으로 인식되며 모든 것
이 끝나는 것이 아니라, 그 속의 매 발전 단계에서 유물론적인 결과
를 발견하게 된다. 유물론적인 결과는 생산력, 즉 역사적으로 만들어
진 개인들과 자연과의 관계 그리고 개인들 사이의 관계의 총합이며,
이 총합은 조상으로부터 여러 세대를 거쳐서 전수되고 있다. 생산력,
즉 자본금과 자본 상황이 풍부한 것은 한편으로 새로운 세대에 의해
실제로 수정된 것일 뿐만 아니라 다른 한편으로는 그것을 위해서
삶의 조건을 규정하고 뚜렷한 발전의 특징을 부여한다. 그것은 인간
이 환경을 만드는 것만큼 환경이 인간을 만든다는 것을 보여주고
있다. 모든 개인과 사회가 주어진 어떤 것으로써 존재하는 생산력,
즉 자본금과 서로 교류하는 사회적 형태의 총합은 철학자들이 말하
는 본질이며 인간의 정수다. 이는 또한 철학자들이 신성시하기도 하
고 한편으로는 공격하기도 하는 실제적인 기초다. 또한 철학자들은
자아 의식(self-consciousness)과 유일성(Unique)을 예로 들면서 이
러한 사실에 대항한다.[2]

---

2) Karl Marx, "The German Ideology", in Robert C. Tucker, ed., *The Marx-Engels Reader* 2nd. ed. (NY : W. W. Norton & Company, 1978), pp.164-165.

뿐만 아니라 마르크스는 앞서 언급된 경제적 상황이 생산의 방법을 자본주의에서 사회주의로 전환하는 힘이라고 주장했다. 그러므로 마르크스가 자신의 주장을 정립하고 있는 근원적인 전제를 고찰하는 것이 그의 리더십에 대한 우리의 이해를 돕는 데 중요하다.

첫째, 마르크스는 생산된 물건의 가치는 이를 위해 투입된 노동의 양만큼 그 가치가 있다고 믿었다. 그는 '노동가치설'에 대해 기술하면서 상품의 가치를 이용 가치(use value)와 교환 가치(exchange value)로 구분하였다. 예를 들어 공기는 높은 이용 가치를 지니고 있지만, 일상적으로 낮은 교환 가치를 가지고 있다. 우리는 모두 공기를 필요로 하지만 그와 동시에 공기는 항상 존재하기 때문에 다른 무엇과 교환할 만한 가치를 느끼지 못한다. 한편, 다이아몬드는 이용 가치가 낮지만 높은 교환 가치를 지니고 있는데, 그 주된 이유는 다이아몬드 원석을 채광하여 보석으로 세공하는 데 들어가는 노동 가치가 추가되었기 때문이다. 우리 대부분은 다이아몬드의 쓸모를 잘 모르면서도 여전히 높은 가격을 지불하며 사려고 한다. 그러므로 상품의 경제적인 가치는 그 상품에 들어간 노동의 양에 의해 결정되는 것이다.

둘째, 마르크스는 자본주의자가 상품의 가치나 진가에 대한 잉여 가치(surplus value)를 추구한다고 주장했다. 그는 '잉여 가치설'에서 인간은 이익을 추구한다고 밝혔다. 이익을 극대화하기 위해 자본가는 가능한 낮은 비용으로 노동자를 고용하려

한다. 그러나 자본가들은 상품을 판매하는 데 노동을 통해 상품의 가치를 향상시킨 이익을 분배하지 않는다. 결과적으로 피고용인들은 낮은 임금을 올리기 위해 자신들의 노동을 팔게 되며, 그렇게 함으로써 그들은 부자들을 위해 상품화되어버린다. 마르크스는 이익이 노동자를 착취해서 생성되는 것이라고 믿었다.

셋째, 마르크스는 이익을 지속적으로 높이려는 요구와 함께 자본가는 그의 경쟁자와 지속적인 갈등 관계에 놓이게 되고, 경쟁력을 확보하기 위해서 회사들은 값싼 노동력을 확보하기 위해 계속해서 노력하게 된다고 보았다. 결과적으로 경제적으로 강한 자만이 생존하며 나머지는 제거된다. 이로 인해 자본의 독점과 집중이 발생한다. 인간의 노동 가치보다 우선하는 규모의 경제와 함께 노동자들은 동료들뿐만 아니라 자기 자신으로부터 소외된다. 자본가는 자신의 상품에 대한 맹목적 가치 부여, 즉 상품이 그것을 생산하는 이들의 인간성보다 더 가치가 있다고 인식하는 데까지 발전한다. 더욱 중요한 것은 자본가의 부가 증가함에 따라 부유한 자본가의 수는 줄어드는 반면, 노동자들의 노동 가치가 감소할수록 가난한 노동자의 수는 증가한다는 것이다.

마지막으로, 부르주아 계급과 프롤레타리아 계급 간의 이러한 반목의 결과로서 노동자는 자본가에 대항해서 혁명을 일으킨다. 그리고 노동자의 절대적인 수적 우세와 자신들의 목적의 정당성에 대한 강한 믿음으로 인해 그 혁명은 성공하게 된다.

노동자들은 생산 수단을 차지하고 사회의 부는 모든 이들의 집단 소유가 된다. 정-반-합의 과정을 거치는 유물론적 진화로 인해 인류 진화의 마지막 단계인 무계급의 사회가 됨으로써 인간은 완전히 자유롭게 될 것이다. 역사적 변증법을 통해서 인간은 최초 왕으로부터, 이후에는 봉건영주로부터, 그리고 자본가로부터 노예의 신분을 벗어나게 된다. 이러한 발전의 최종 단계에 이르러 인간은 자신의 완성에 이르게 되고 결국 자유를 얻게 된다.

의문의 여지없이 리더십과 마르크스의 정치 철학과의 연관성은 이루 말할 수 없이 많다. 마르크스의 철학을 기초로 할 때, 우리는 '과연 누가 리드할 것인가'라는 질문을 대하면서, 자연법, 신권, 철인왕, 보호자 또는 자유인과 같은 개념을 포함하지 않아도 된다. 리더십의 양자 관계에서 평등을 정의하려 할 때도 이러한 상황은 동일하다. 우리는 마르크스의 주장 그 어느 곳에서도 노예 제도와 여성의 예속에 대한 정당성을 발견할 수 없을 것이며, 일부는 리드하기 위해 태어났으며 나머지는 이를 따르기 위해 태어났다는 것을 발견하지 못할 것이다. 우리가 발견할 수 있는 것은 계급 없는 사회에서 리더십이라는 단어가 사뭇 다른 함축적 의미를 내포하고 있다는 것인데, 그 이유는 계급 없는 사회에서는 리더십 양자 관계의 개념은 그 연관성 자체가 성립되지 않기 때문이다.

마르크스의 철학을 리더십과 결부시키려는 우리의 시도에서 반드시 선행되어야 하는 것은 그 사상과 철학을 이행하려고 노

력해온 사람들의 사상을 검토하는 작업이다. 예를 들어 블라디
미르 레닌(Vladimir Lenin)은 단지 마르크스주의자였을 뿐이지
마르크스가 아니었다. 스탈린과 모택동 또한 그러하며, 20세기
에 공산주의 운동을 이끌었던 그 외의 많은 이들 역시 마찬가
지다. 이들의 정치 철학 속에는 마르크스의 가르침이 깊이 담
겨져 있지만, 그들이 행한 잔인하고 전체주의적인 실천은 마르
크스가 주창했던 바가 아니었다.

　이것은 한 사회의 지배 계급이 자신들이 통제하고 있는 경제
적 영향력을 평화적으로 포기할 것이라는 의미는 아니다. 마르
크스는 유산 계급이 마르크스가 생각하는 그들 자신의 불의를
쉽게 인정하지 않을 것이라는 것을 누구보다 더 잘 알고 있었
다. 그는 갈등이 발생할 것을 알고 있었으며, 자본주의에서 사
회주의로 가는 험한 길이 고통과 투쟁으로 점철될 것이라는 것
도 알고 있었다. 그러면서도 시드니 후크(Sydney Hook)의『마
르크스와 마르크스주의자들』에 의하면, 마르크스는 사회주의
로의 과정에서 개인의 자유를 파괴하려는 이들의 주장으로부
터 지속적으로 거리를 두려고 했다.

　마르크스의 기질은 프로메테우스와 같다. 그의 지적 전통은 중세
적이며, 문학적이기보다는 그리스적이며 과학적이었다. 그의 윤리적
이상은 한 사회며, 그 사회에서 각자의 자유로운 발전은 모두의 자유
로운 발전을 위한 전제 조건이다. 모든 제도의 궁극적인 목적은 어느
정도까지 인간들을 위해서 개성을 충족시켜줄 수 있고 자유롭게 부

를 추구할 수 있게 해주는가다. 자유, 평등 그리고 개인의 개성에 대한 이런 믿음을 통해 마르크스와 그의 이름을 연상시키는 모든 전체주의자들은 근본적으로 구별된다.[3]

자유와 평등은 마르크스가 그의 철학을 구축한 기초다. 하지만 우리가 마르크스주의 사회에서 이러한 개념들을 이해하기 위해서는 그가 말한 '개별적 인간(individual 또는 egoistic man)'과 '유적 존재(species-being)'의 개념을 구별해야 한다. 『유대인의 문제에 관하여(*On the Jewish Question*)』에서 마르크스는 인간의 자유란 인간 스스로가 자신을 추상적인 시민(abstract citizen)이라고 인식할 때 비로소 자유롭게 된다고 언급했다.

인간의 해방은 진실된 개인이 자신을 추상적인 시민이라고 인식할 때만이 비로소 완성될 수 있다. 그때는 개별적 인간으로서, 매일의 삶 속에서, 자신의 일 속에서, 관계성 속에서, 그가 유적 존재가 되었을 때, 그리고 그가 더 이상 사회적 힘과 정치적 힘으로써 자신을 분리하지 않고 자기 스스로의 힘을 통하여 인식하고 조직할 때다.[4]

마르크스는 루소가 자신에게 끼친 영향을 인정하면서, 인간은 개별적으로는 완전하지만 그 상태에서 유적 존재로 자신을

---

3) Sidney Hook, *Marx and the Marxists* (Princeton, NJ : D. Van Nostrand Company, Inc., 1955), p.16.
4) Karl Marx, "On the Jewish Questions", in Robert C. Tucker, ed., *The Marx-Engels Reader* 2nd. ed.(NY : W. W. Norton & Company, 1978), p.46.

변화시켜야만 한다고 설명했다. 이러한 변화를 통해서 인간은 자신의 존재를 재정립할 수 있으며, 이는 곧 인간의 궁극적 자유가 자신과 전체와의 관계를 의식하는 데 있기 때문이다. 안드레이 발리츠키(Andrzey Walicki)는 『자유에 관한 마르크스적 개념(The Marxism Conception of Freedom)』에서 이러한 인식상의 함축성을 언급하고 있다.

가장 일반적으로 말하자면 인간을 위한 자유는 객관성에 대한 주관성의 승리였다고 할 수 있다. 따라서 이런 개념에서 자유란 두 가지 특징을 가진다. 우선 인간과 자연의 관계에서 자유는 생산력의 발전을 통해 이루어진 인간 종의 힘을 극대화하는 것을 의미한다. 다음으로 개인과 사회의 관계에서 자유는 인간에 의해서 형성되는 이들 존재의 사회적 조건을 의식하고 그것에 의해 개인들은 소외되고 물화된 비개성적인 사회적 힘으로부터 해방되는 것을 말한다. (중략) 하지만 양쪽 경우에서 자유는 자연적인 힘에 대한 이성의 승리, 객관성에 대한 주관성의 승리로 이해되었다. 여기서 객관성은 자연 세계의 '자연적 객관성(natural objectivity)'과 사회 세계의 '인공적 객관성(artificial objectivity)'을 모두 포함한다.[5]

마르크스에게 이러한 자유는 유적 존재를 의식함에 따라 자본주의라는 굴레를 깨뜨려야 달성될 수 있었다. 변증법적 유물

---

5) Andrzej Walicki, "The Marxian Conception of Freedom", Zbigniew Pelczynski & John Gray, eds., *Conceptions of Liberty in Political Philosophy* (NY : St. Martin's Press, 1984), p.220.

론을 통해 총체적인 자유는 개인의 자유가 집단적인 유적 존재 내부로 스며들어가면서 필연적으로 달성된다. 그것은 역사의 법칙, 즉 경제학의 자연적인 힘에 의해서 결정될 것이며, 전세계적으로 노동하는 남녀 사이의 조화 속에서 명백해지는 노동의 숭고함(Dignity)을 통해서 드러나게 된다. 프롤레타리아가 사회의 생산 수단을 통제하게 됨에 따라, 그들은 더 이상 부르주아 자본주의의 소지품이 아니다. 하나의 의식으로서 상호 작용을 통해 유적 존재는 자신의 운명을 통제하게 될 것이다. 발리츠키는 다음과 같이 부연 설명하고 있다.

첫째, 마르크스는 '진정한 자유(true freedom)'란 공산주의가 최종적으로 달성된 이후에 도래한다고 보았다. 둘째, 개인의 자유가 역사 속에서 인간 본질의 완전한 자아 실현에 대한 유토피아적인 비전과 양립할 수 있었다는 점에서, 마르크스는 개인의 자유를 진정한 자유의 한 요소로 받아들였다. 진정한 자유를 개인의 자유를 전제로 하고 있다고 본 마르크스는 인간이라고 하는 종(species) 자체를 끝까지 자유의 주체로 보았다. 다시 말하자면 그는 개인의 자유에 관심이 있는 것이 아니라, 인간 종의 본성에 내재되어 있는 우월한 능력의 해방(liberation)에 관심이 있었다. 그의 견해에 따르면, 진정한 자유는 유적 존재로서 인간의 모든 능력 중에서 방해받지 않는 새로운 단계였다. 따라서 진정한 자유는 목적-독립적 존재(being aim-independent)라는 의미에서 부정적이지 않았다. 그것은 역사의 마지막 목적, 즉 새롭고, 개량된, 우월한 인간 창조를 실현하기 위한 수단이었다. 미래의 인간 혹은 초인은 역사 속에서 사회주의 전(前) 단계와 특히 자본주

의 시대의 미숙하고 타락한 개별 인간인 '실제 인간(real men)'에 반
대되는 것으로서의 '진정한 인간(true man)'이라는 마르크스의 이상
을 구체화시키고 있었다.[6]

역사상, 인간 본질의 완벽한 자아 실현이라는 원대한 유토피
아적 관점에서 인간은 자유로울 뿐만 아니라 모든 재산의 집단
적 소유자들이 자신들의 노동의 산물을 공유하게 된다. 마르크
스에 의하면, 이러한 공유는 "각자의 능력에 따라(from each
according to his ability)" 공유하는 것으로부터, "각자의 필요
에 따라(to each according to his needs)" 공유하는 것으로 발
전함을 말한다.[7]

마르크스가 평등에 대해 말할 때 그는 경제적 평등(economic
equality)을 의미한다. 그러나 그는 부가 균등하게 분배되어야
한다고는 말하지 않으며, 그 대신에 부는 각자의 필요에 따라
분배되어야 한다고 주장했다. 이에 대해 정치 철학자인 조셉
크랍시(Joseph Cropsey)는 다음과 같이 설명하고 있다.

이것은 충성스럽고 현명하면서 부패하지 않은 동료들 사이의 근
본적인 법으로서 가장 적합한 금언이다. 그런 친구들 사이에서, 어떤
개인도 다른 사람을 희생시켜서 자신의 이익을 추구하지도 않을 뿐

---

6) Ibid., pp.239-240.
7) Karl Marx, "Critique of the Gotha Program", in Robert C. Tucker, ed.,
The Marx-Engels Reader 2nd. ed.(NY : W. W. Norton & Company, 1978),
p.531.

만 아니라, 어떤 누구도 그렇게 하려는 생각을 결코 하지 않는다. 이런 의미에서 그것이 그렇게 되어야만 한다는 의무 조건은 초월된다. 단순한 의무감은 이기적인 사람에게는 호의적인 사회의 구성원으로서의 인간의 가장 자발적인 욕망과도 같다. 마르크스가 말하는 의무감은 단순한 의무를 말하는 것이 아니다. 그가 말하는 사회는 가장 드물고 가장 민감한 친교의 연합에 충심으로 가입하는 많은 동지들의 공동체가 될 것이다.[8]

마르크스는 이와 같이 배려있는 친교의 연합에 소속된, 자유롭고 평등한 시민사회에서도 어떤 일부는 다른 이들보다 더 많은 기여를 할 것이라고 주장했다. 개개인 모두가 동일한 능력과 재능을 가지고 태어나지 않았기 때문에, 어떤 이들은 사회에 기여하기 위해서 다른 사람들보다 더 많은 물질을 필요로 할 것이다. 공산주의는 이러한 불평등 권리에 대한 문제를 풍부한 부를 발생시키는 체제로 발전시킴으로써 해결할 것이다. 마르크스는 이러한 발전에 대해서 『고다 강령 비판(*Critique of the Gotha Program*)』에서 다음과 같이 설명하고 있다.

하지만 한 사람이 다른 사람보다 육체적으로나 정신적으로 뛰어남으로써 같은 시간 안에 더 많은 노동을 제공하거나 또는 더 많은 시간 동안 노동을 제공하게 된다. 사람은 육체적이거나 정신적으로

---

8) Joseph Cropsey, "Karl Marx", Leo Strauss & Joseph Cropsey, eds., *History of Political Philosophy* 3rd. ed. (Chicago : University of Chicago Press, 1987), p.822.

다른 사람보다 우월하고 그래서 동시에 더 많은 노동을 제공하거나 더 오랫동안 노동할 수 있다. 그리고 수치로써 제공되는 노동은 그 기간과 강도에 의해 정의되어야만 한다. 그렇지 않으면, 노동은 측정의 기준이 되지 못한다. 이런 평등한 권리도 불평등한 노동에 대해서는 불평등한 권리가 된다. 이것은 어떠한 계급의 차이도 인정하지 않는다. 왜냐하면 모든 사람은 다른 모든 사람들처럼 단지 노동자이기 때문이다. 하지만 이것은 암묵적으로 평등하지 않은 개인의 천부적 재능과 특권으로서의 생산 능력을 인정한다. 그러므로 그 내용에서 그것은 제반 권리와 마찬가지로 불평등한 것이다. (중략) 그래서 노동의 동일한 수행과 사회적 소비 재원을 동등하게 공유한다면, 한 사람은 다른 사람보다 실제로 더 많은 것을 받을 것이고, 또한 더 부자가 될 수도 있을 것이다. 이러한 제반 결점을 회피하기 위해 권리는 평등하다기보다는 불평등하다고 보아야 한다.

* * *

좀더 발달된 공산주의 사회에서는, 개인이 노동의 분화에 노예화되는 종속과 그것과 함께 정신적이고 육체적인 노동 사이의 반명제(antithesis)가 사라져버린 후(노동이 삶의 수단일 뿐만 아니라 삶의 중요한 필요 조건이 되고, 생산력 역시 개인의 다재다능한 발전과 함께 증가되고, 협동적인 부의 모든 샘들이 더 풍부하게 솟아난 후), 사회 발전의 가장 높은 단계인 공산주의 사회에서는 부르주아의 권리는 사라지게 될 것이며, 사회는 그 현수막에 "각자의 능력에 따라, 각자의 필요에 따라"라는 내용을 표방하게 될 것이다.[9]

---

9) Marx, *Critique of the Gotha Program*, pp.530-531.

마르크스는 정치 철학자라기보다는 경제 철학자였다. 경제적 평등에 관한 그의 설명은 정치적 평등에 대한 설명을 능가한다. 어쨌든 마르크스는 모든 이들이 친교를 이루는 환경에서 자신들의 완벽함을 추구한다고 믿었다. 루소와 같이 그는 인간의 선함이 승리할 것이라고 믿었다. 그람시는 이와 같은 마르크스의 비전에 대해 다음과 같이 요약한다.

인간의 보편성을 위한 마르크스의 평생 동안의 비전은 가장 지혜롭고 가장 선한 것에 가장 높은 가능성이 열려 있다는 고대 사상가들이 생각한 것과 같다. 즉, 몇몇 고귀한 정신과 서로간의 사랑은 모든 작은 욕망 이상으로 고양되어 있고, 부러움이나 세속적인 야망의 어떠한 흔적도 없으며, 선을 다른 사람에게 선물할 때 시혜자에게서 그것이 사라지는 것이 아니며, 그것이 나누어질 때는 배가되는 매우 귀중한 상품을 기꺼이 공유하려는 것이다. (중략) 그러므로 완벽한 사회는 삶의 규칙으로서의 철학이 정의와 구별되지 않는 사회며, 이때 정의 역시 삶의 규칙이다. 완벽한 사회에서 정의는 그 자체로 도움이 되고, 그것은 필요에 의해 강요되거나 벌을 주거나 속이도록 더럽혀지지 않았기 때문에 완벽하게 순수하다. 정의가 철학 속으로 사라지는 것은 정치적인 것이 철학적인 것으로 사라지는 것과 같다고 할 수 있다.[10]

마르크스가 가지고 있었던 완벽한 사회에 대한 비전은 그 어떤 인간도 다른 인간에게 종속되지 않는다는 신념 속에 있다.

10) Cropsey, op. cit., p.823.

여성들 또한 그 평등함을 공유할 것이다. 마르크스는 『경제·철학 초고(*Economical And Philosophical Manuscripts*)』에서 남녀의 관계에 대해 설명하기를, 여자는 더 이상 부르주아 계급 사회에서와 같이 남성의 소유물로 취급되어서는 안 된다고 말한다. 그 이유에 대해 마르크스는 "사람과 사람 사이의 직접적이고 자연적이면서도 필요한 관계는 바로 여자와의 관계"이기 때문이라고 말했다. 그는 다음과 같이 계속해서 설명하고 있다.

이러한 남녀간의 자연적인 관계에서 남자의 자연에 대한 관계는 마치 그와 다른 남자와의 관계가 즉시 그와 그 자신의 본성적인 기능과의 관계인 것처럼, 남자와 본성의 관계는 바로 그 자신과 남자와의 관계다. 그러므로 관계는 감각적으로 명백해지고 관찰할 수 있는 사실로 환원된다. 인간의 본질은 어느 정도 남자의 본질이 될 수 있고, 남자의 본질은 어느 정도 인간의 본질이 될 수 있다. 그러므로 이런 관계로부터 사람은 남자의 전체 발전 단계를 판단할 수 있다. 이런 관계성의 특징으로부터 유적 존재, 즉 한 인간으로서의 남자가 얼마나 스스로를 잘 이해하려고 했는지를 알 수 있다. 따라서 남자와 여자의 관계는 인간과 인간의 가장 자연스러운 관계다.[11]

그러나 마르크스는 고통스러운 투쟁이 없다면 모든 인간들

---

11) Karl Marx, "Economic and Philosophical Manuscripts", in Robert C. Tucker, ed., *The Marx-Engels Reader* 2nd..ed. (NY : W. W. Norton & Company, 1978), p.83.

간의 평등과 자유는 도래하지 않을 것이라는 것을 알고 있었다. 인간은 소외의 고리를 끊을 필요가 있으며, 사유 재산에 대한 욕망을 극복해야만 한다. 인간은 자신을 자아로 돌아오게 할 필요가 있으며, 이러한 염원에 대한 해결책은 공산주의에서 찾을 수 있다고 말하고 있다.

공산주의는 사유 재산, 인간 스스로의 자기 소외, 그리고 인간에 의한 인간을 위한 인간 본질의 진정한 염원을 추구한다. 공산주의는 사회적 존재로서의 인간이 스스로에게 완전하게 회귀할 수 있게 한다. 이 공산주의는 완전히 발전한 자연주의라는 점에서 인본주의와 동일하며, 완전히 발전한 인본주의라는 점에서 자연주의와 동일하다. 공산주의는 인간과 자연 사이의 갈등, 그리고 인간과 인간 사이의 갈등에 대한 진정한 해결, 즉 존재와 본질, 객관화와 자기 확신, 자유와 필요성, 개인과 종 사이의 투쟁에 대한 진정한 해답이다. 공산주의는 역사의 수수께끼에 대한 해답이며, 그것은 이미 이러한 사실을 내포하고 있다.[12]

이러한 유토피아적 의식에 도달하게 되면, 어떤 사람들은 다른 사람들을 착취하지 않으면서 조화롭게 살 수 있게 된다. 그러한 상태에서 리더십이 왜 필요하며, 어떠한 근거에 의해서 한 사람이 또 다른 사람에게 권한을 행사할 것인가라는 합리적인 질문을 하게 된다. 만일 모든 사람들이 자유롭고 평등하다

---

12) Ibid., p.84.

면, 리더와 추종자의 양자 관계는 그 설 곳을 잃게 된다. 공산주의의 궁극적인 완성 안에서는, 마르크스는 정부의 존재는 더 이상 없을 것이라고 대답한다. 모든 사람들이 즐겁고 평화롭게 살면서 서로의 선함을 추구하기 때문에 국가도 없으며 리더와 추종자의 양자 관계도 없게 된다.

그러나 마르크스는 이러한 공산주의의 완성에 도달할 때까지는 리더십이 필요하다고 보았다. 즉, 역사 발전 단계에서 사람들을 공산주의 단계까지 인도하기 위해서 필요하다는 것이다. 따라서 공산당이 탄생하게 되었고, 『공산당 선언(*The Communist Manifesto*)』이 작성된 것이다. 시드니 후크(Sydney Hook)는 공산당의 리더십 역할에 대해 다음과 같이 요약하고 있다.

노동자 계급은 그들 자신들을 계몽하고 이끌어나갈 리더십이 없이는 역사적 과업을 성공적으로 수행할 수 없다. 이런 리더십은 마르크스의 이론을 마음속에 기억하고 있는 사회주의자들이 제공한다. (중략)

마르크스의 주장에 동의하는 사람들의 책무는 다음과 같이 명확하게 명시되어 있다. 이들은 노동 계급의 매일 매일의 투쟁에 참가해서 노동조합을 고무시켜 삶의 조건과 기준을 향상시키기 위한 군사적 투쟁을 수행해야 한다. 하지만 이들은 즉각적인 개혁과 더 낳은 조건을 위해 단순히 동요를 일으키는 정도가 아니라, 노동 계급의 활동을 압박해서 정치화시키고 모든 계급 투쟁이 정치 투쟁이라는 것을 보여주어야만 한다. 그들은 다른 노동자 계급의 당보다 위에 있거나 그에 대항하는 별도의 당을 조직해서는 안 된다. 공동 전선을 구축해서 유일 당 조직을 만들어야 한다. 나아가 그들은 프롤레타리아의 동향을 통제하기 위해 어떠한 종파적인 원칙을 별도로 수립해서는 안 된다. 그들은 당의 노선을 강요하는 것이 아니라 전체적으로 무엇이 노동자 계급의 이익인가를 강조한다. 동시에 그들은 다른 부르주아 계급보다는 노동자들의 편의를 위해 노력해야 한다. 마지막으로 그들은 노동자 계급 당이 민족주의적 편견에서 벗어나도록 지속적으로 노력해야 한다. 서로 연동된 경제와 더불어 상호 의존적인 세계 속에서 이들은 국제 노동자 계급의 근본적인 이익이 일차적인 관심이라는 것을 가르친다.13)

많은 측면에서 마르크스가 제안한 공산당의 리더는 루소가 제안했던 리더와 유사하다. 그들의 역할은 대중을 계몽하고 이끄는 것이고, 그들의 기능은 유적 존재에게 자신들의 의지에 순종하도록 돕는 것이다. 윌리암 에벤슈타인(William Ebenstein)과 알랜 에벤슈타인(Alan Ebenstein)이 설명하고 있는 것처럼, 『공산당 선언』에 포함된 이러한 지령은 레닌에게 전체주의에 대한 정당성을 제공했다.

독재에 대한 레닌의 정당화는 궁극적으로 권위주의에 대해서와 마찬가지로 대다수의 사람들이 올바르게 이해하고 행동할 수 없다는 전제에서 비롯된다. 역사와 사회에 대한 정확한 법률 상식을 소유하면서, 공산주의자들은 새로운 세계를 향해 대중들을 인도하기 위한 권리와 의무를 갖고 있다. 비록 구시대의 부패한 영향력이 강제적

---

13) Hook, op. cit., pp.31-32.

인 리더십을 필요로 한다고 할지라도, 루소의 용어대로 레닌은 사회
에 대한 과학적 분석으로 인해 공산주의자들이 프롤레타리아 계급
의 일반 의지를 대표한다고 주장한다. 비록 프롤레타리아 계급에 속
한 모든 사람들의 의지가 그것을 기꺼이 무시할 만한 의도가 없다고
하더라도, 그들은 오직 자신의 사유 재산, 개인 이익만을 생각할 수
있다. 레닌에게 프롤레타리아 계급의 일반 의지는 대다수 프롤레타
리아 계급이 실제로 생각하고 있는 바가 아니라, 사회 경제적 발전에
대한 정확한 마르크스주의적 분석에 익숙해져 있는 바를 생각하는
것이다.[14]

결국 리더십은 마르크스주의의 원칙들을 정확하게 깨달은
이들의 권리가 되었다. 조지 오웰(George Orwell)의 입장에서
보면, 일부는 나머지 대다수보다 더 평등하다. 이것은 그들의
권리일 뿐만 아니라 유적 존재의 의식 속으로 자신들의 자유를
녹아들지 않게 하려는 이들을 지도해야 하는 그들의 의무다.
결정론자로서의 마르크스는 리더십의 역할을 역사적 불가피성
이라는 자연적인 힘을 통해서 나타난다고 주장했다. 『사적 유
물론에 관한 서한들(*Letters on Historical Materialism*)』에서
마르크스의 동료인 프리드리히 엥겔스는 리더십에 대한 사람
들의 주장을 경제적 필요성에 의해 추동된다고 설명한다.

---

14) William Ebenstein and Alan O. Ebenstein, *Great Political Thinkers : Plato
to the Present*, 5th ed. (Fort Worth : Harcourt Brace College Publishers,
1991), p.721.

인간은 자신의 역사를 스스로 창조하지만, 전체 계획에 따라 집단 의지를 가지고 있는 것도 아니고 명확하게 한정되어 있는 주어진 사회 안에서 만드는 것은 아직 아니다. 인간의 염원은 충돌한다. 그리고 그 이유 때문에 모든 사회는 필요성, 보충성 그리고 우연성의 형태에 의해서 지배된다. 여기서 모든 우연성을 가로지르는 것은 궁극적으로 경제적인 필요성이다. 이것은 소위 위대한 인물이 등장하게 되는 장소적 조건이기도 하다. 물론 그러한 사람과 그 사람이 특정한 나라에서 특정한 시간에 정확하게 등장하는 것은 순전히 우연이다. 그렇다고 해서 그를 제거하면 그 대리인에 대한 요구가 등장하게 된다. 좋든 나쁘든 간에 이 대리인은 등장하게 된다. 예컨대 코르시카 섬 사람인 나폴레옹은 전쟁으로 지쳐버린 프랑스 공화국이 필요하다고 만들었던 군사 독재자라는 것은 우연이었다. 하지만 한 명의 나폴레옹으로 부족했다면, 또 다른 나폴레옹이 그 자리를 채웠을 것이다. 이러한 사실은 인류 역사의 필요에 의해 시저(Caesar), 아우구스투스(Augustus) 그리고 크롬웰(Cromwell) 등의 예를 통해서도 잘 입증된다.[15]

그러므로 리더는 역사를 통해 필요성이 제기되면 등장하기 마련이다. 만일 이 사람이 아니면 서 사람이 리더가 되는 것이므로 누가 리더가 될 것인가는 중요하지 않으며, 그 이유로서 리더십은 우연, 숙명 또는 운명에 의해 결정되기 때문이다. 필요는 공백을 싫어한다. 필요성이 대두되면, 리더는 그 빈자리를

---

15) Friedrich Engels, "Letters on Historical Materialism", in Robert C. Tucker, ed., *The Marx-Engels Reader* 2nd. ed.(NY : W. W. Norton & Company, 1978), pp.767-768.

채우기 위해서 나타날 것이다. 이를 통해 마르크스는 계급이 없는 사회에서는 더 이상 사람들 사이의 갈등이 존재하지 않기 때문에 리더가 존재하지 않는다고 결론을 내렸다. 자유, 평등 그리고 박애는 그 충만함에 도달할 것이며, 모든 인간들은 사회 경제적 발전을 올바르게 이해하게 될 것이다.

이것이 곧 칼 마르크스의 리더십에 관한 사상의 간략한 요약이다. 사실상 우리는 구소련의 붕괴 이래 매우 포착하기 힘든 위의 논제를 이해하려는 과정에서 마르크스가 미치는 영향력에 대해 많은 관심을 갖지 못했었다. 공산주의는 비효율적임을 스스로가 증명했다는 다소 평범한 인식과 함께, 현재의 리더와 경영자는 마르크스의 정치 사상에 거의 관심을 두지 않는다. 서양의 많은 분야에 대한 그의 가르침은 가장 연관성이 없는 것으로 간주되고 있다.

하지만 우리가 마르크스의 저서들을 좀더 심층 있게 검토한다면, 그의 사상들이 20세기 후반 우리들의 실무 경영에 없어서는 안 될 중요한 부분이라는 것을 확연히 알 수 있다. 이러한 점은 그의 많은 사상들이 루소의 가르침의 논리적 확장이라는 점에서 특히 더 진실하게 다가오는데, 그 이유는 마르크스가 민주적 평등주의라는 개념을 그 외적 한계를 넘어서까지 강요했기 때문이다.

같은 맥락에서 우리는 최근 수십 년간에 걸쳐 잘 알려진 좀더 인간적인 접근들과 마르크스의 저작들에 기원하는 것들을 발견하였다. 예를 들어 우리가 '참여 경영(participative management)'이라는 주제에 대해, 사실상 인간은 조직적인 목표를 달성하기 위해 스스로를 지도할 수 있다는 마르크스의 믿음을 공유하고 있다.

일의 중요성을 인정하고 직장의 질, 노동의 유기적인 조직을 선호하여 노동이 엄격한 분화를 최소화하기 위한 기세적인 계급 구조를 포기했던 경영인들에게도 위와 같은 사실은 적용되고 있다. 그들 또한 노동자의 소외에 반대하는 마르크스의 고발에 동참하고 있는 것이다. 즉, 권한 부여(Empowerment), 총체적 품질 관리 경영(Total Quality Management), 질적 순환(Quality Circles) 등 이 모든 것들이 마르크스의 저작들에 그 기원을 두고 있다.

이와 유사하게, 정치적 지도자들이 사회 내부적으로 부가 집중되는 것을 제한하는 법을 발효할 때, 그들은 마르크스의 해방된 자본주의에 대한 비판을 인정하는 것이다. 이와 같이, 경영자들이 생산품의 질적 가치를 더한 이들을 위한 이윤을 분배하게 될 때도 그들은 마르크스의 영향을 받고 있다.

여권 신장 운동 역시 마르크스의 가르침에 그 빚을 지고 있다. 마르크스가 비록 여성들 간에 노동의 자연스런 분화를 인정했다고 하더라도 그는 여전히 여성들의 평등을 주장하고 있으며, 여성들의 인간적 권위를 인정했다. 앞서 살았던 많은 철학자들과는 달리, 마르크스는 여성을 남성의 노예 이상으로 간주했다. 부르주아 계급과는 달리 마르크스는 여자를 사유 재산으로 간주하거나 남편의 소유물로 보는 시각을 거부했다.

마르크스는 분명 인본주의자였지만 자연주의자이기도 했다. 그는 이성주의자이자 과학자였다. 마르크스에게 경제적인 힘이 변증법의 근원이었으므로, 그는 효율성을 제고하기 위해 과학적인 방법을 원용하는 근면한 지도자들과는 거의 논쟁하지 않았다. 자연주의자로서 그는 과학이 부를 증가시킬 수 있을 것이라고 믿었다. 인본주의자로서 그는 생산에 참여하는 모든 사람들의 필요에 따라 그 부를 재분배해야 한다고 믿었다. 공산주의자로서 마르크스는 앞의 두 가지 신념이 인간에게 궁극적인 자유를 가져다준다고 믿었다.

이러한 사실들은 리더십과 관련하여 마르크스가 서양 문화에 미친 불과 몇 안 되는 중요한 예들이다. 이러한 예들은 초기의 그리스 사상과 오늘날 리더들의 사상과의 관계를 설명해준다. 과거와 현재와의 관계, 과거와 미래와의 관계, 절대성을 역사에 대한 신성한 힘으로 인정하는 세계관과 신은 죽었다고 주장하는 세계관 등의 관계 속에서, 마르크스는 인간의 성취와 소외 사이에 위치하고 있다. 좀더 구체적으로 말하자면 그는 헤겔과 니체 사이에 서 있다. 그러므로 칼 마르크스는 20세기의 철학적 허무주의와 직접적으로 연결되어 있다.

제10장
프리드리히 니체 : 인간 의지의 힘

> "나는 평등을 설파하려고 하는 사람과
> 뒤섞이거나 혼돈되는 것을 원하지 않는다.
> 인간은 평등하지 않으며, 평등하게 되지도 않을 것이다!"
> — 프리드리히 니체(Friedrich Nietzsche)

민주주의적 평등주의에 근거한 리더십 논리에 정면으로 반하는 허무주의의 조류가 20세기를 향하는 역사의 흐름 속에서 독일에서부터 등장했다. 이전에 받아들여졌던 이상주의, 사실주의, 논리주의, 낭만주의 등과 같은 모든 사상들은 도전을 받게 되었다. 어떤 것도 신성불가침의 대상이 되지 못했으며, 이전에 받아들여진 세계의 성격을 이해하려는 어떠한 노력도 객관적 진실에 대한 정당성을 부성하는 철학자들의 공격을 피할 수 없었다.

리더십에 대한 우리의 이해를 중요하게 바꿀 만한 허무주의자는 20세기의 프리드리히 니체였다. 니체는 세상에서 인간의 위치를 설명하기 위한 방법으로서 활용되었던 모든 원칙들의 존재를 인정하는 모든 철학을 부정하면서, 인간은 홀로 존재한

다고 주장했다. 모든 것을 아우를 수 있는 원칙은 물론 형이상
학도 없었다. 그리고 마르크스는 역사 변증법에서 신권의 개념
을 분리시켰지만, 니체는 존재의 등식 관계에서 신을 삭제했다.
신은 죽었다고 그는 선언했는데, 이러한 전제 하에 그의 대부
분의 철학은 전개되었다.

의심의 여지없이, 기존의 보편적인 원칙들에 대한 니체의 부
정은 리더십의 양자 관계에 대한 우리의 이해를 바꾸어놓았다.
그 이유는 인간이 혼자이거나 보편적인 원칙들이 존재하지 않
는다면, 지금까지의 권리, 평등, 정의 그리고 자유에 대한 우리
의 이해는 더 이상 존재할 수 없기 때문이다. 니체의 사상에 대
한 의미를 생각하기 전에 우리는 리더십의 등장과 관련한 그의
사상적 근간을 먼저 연구해야 한다. 즉, 우리는 인간의 본질에
대한 그의 철학을 간단히 짚고 넘어가야 한다.

니체는 전체의 의미를 형식, 이상, 일반적 의지, 절대성 또는
유적 존재 등의 어떤 모습으로 보든지 간에, 인간을 전체의 일
부라고 생각하는 서양의 철학자들과는 다른 생각을 가지고 있
었다. 니체의 의하면, 통일된 것은 없으며 그 어떤 것도 한 사람
의 삶에 의미를 주지 않는다. 선과 악도 없으며, 오직 존재하는
것은 자연이며 그 자연은 냉정하다. 자연은 인간의 욕구나 필
요에 관해서 무관심할 뿐만 아니라 인간의 가치나 꿈에 대해서
상관하지 않는다. 인간이 생존하기 위해 분투함에도 불구하고
홍수, 태풍, 대화재, 지진 등과 같은 재앙들은 여전히 발생한다.
그리고 인간이 이러한 힘들에 대해 얼마나 저항하든지 간에 그

의 궁극적인 운명은 죽음이다. 거기에는 인간을 위한 어떠한 보상이나 위로도 없다. 살기 위한 인간의 투쟁이야말로 그의 존재 전부다. 니체는 『우상의 황혼(*Twilight of the Idols*)』에서 말하기를, 인간을 어떤 특별한 목적을 위한 효과 또는 결과로 보지 않았다. 인간은 만물의 영장이 아니며, 가치 없는 무관심한 세상 속에 살고 있다. 인간은 혼자다.

　　무엇이 우리에게 유일한 가르침인가? 누구도 인간에게 특정한 재능을 줄 수 없다. 즉, 신이나 사회, 부모나 조상, 심지어 그 자신조차도 없다. 누구도 인간이 거기에 존재한다는 것에 책임을 지지 않는다. 왜냐하면 인간은 그저 그런 존재이거나 그런 상황이나 환경에 존재하기 때문이다. 인간 본질의 불행은 지금까지 존재해왔고 앞으로도 존재할 모든 불행과 분리할 수 없을 것이다. 인간은 어떤 특별한 의도, 의지, 목적의 결과가 아니다. 또한 인간은 인간성의 이상, 행복의 이상, 도덕성의 이상을 달성하기 위한 수단도 아니다. 인간의 본질을 특정 목적이나 다른 목적에 양도하려고 하는 것은 어리석은 것이다. '끝(end)'이라는 개념은 우리 인간이 만든 것이다. 하지만 실제 세계에서의 끝은 없다.[1]

세상의 의지는 인간의 바람과는 상관없다는 주장처럼, 니체는 인간 개개인의 의지 또한 인간성의 약함에 대한 동정심으로부터 자유롭다고 제안했다. 이미 다윈이 제시한 것처럼 적자생

---

1) Friedrich Nietzsche, "Twilight of the Idols", in Walter Kaufmann, ed. and trans., *The Portable Nietzsche* (NY : Penguin Books, 1976), p.500.

존의 원칙은 인간에게도 동일하게 적용된다. 그러나 니체의 판단에 의하면, 인간은 강함보다는 약함을 지향하고 있다. 인간의 진화는 2000년 이상 동안 역행되었다. 보편적인 원칙들에 근거를 둔 종교와 철학에 의해 약해져서, 강함을 향한 두려움과 증오에 가득 찬 불쌍한 인간은 약함을 선으로, 힘을 악으로 정의하게 되었다. 유대교와 그리스도교의 뒷받침 아래 대중들은 인류의 자연적인 멸종을 막을 수 있었다. 니체는 『반그리스도(The Antichrist)』에서 다음과 같이 설명한다.

　　기독교는 미화되어서는 안 된다. 기독교는 더 높은 인간을 추구하는 세력에 대항하여 맹렬한 전쟁을 해왔다. 기독교는 이런 종류의 모든 기본적인 시도를 금지하였다. 그리고 이런 시도로부터 기독교는 악 그 자체와 악한 것들을 제거했다. 강자는 전형적으로 비난할 만한 사람, 즉 신에게 버림받은 사람이다. 기독교는 모든 실패를 짊어진 약하고 비천한 사람들 편이다. 기독교는 무엇이든지 그 자체를 보전하기 위한 강한 삶의 본능을 부정하려는 이상을 가지고 있다. 기독교는 죄스러운 유혹이 정신의 최고의 가치를 타락으로 이끄는 것으로서 생각하도록 사람들을 가르치고 심지어는 정신적으로 아주 강한 사람들의 이성을 타락시켰다.[2]

　　그러므로 니체는 서양 문화의 지적 패러다임을 바꾸려고 노력했다. 그는 종교와 이상의 개념에 의해 오염되기 이전의 가

---

2) Nietzsche, "The Antichrist", in Walter Kaufmann, ed. and trans., *The Portable Nietzsche* (NY : Penguin Books, 1976), pp.571-572.

르침, 즉 소크라테스 시대 이전의 그리스 철학으로 되돌아가려 했다. 그는 힘이 추앙을 받고 약함이 비난받는 2000년 이상 이전으로 돌아가서 진지한 철학적 토론의 계곡에 발을 담그고자 했다. 서양 문화의 감상주의에서 빠져나옴으로써 니체는 강한 자의 우월감과 약한 자의 열등감을 기초로 한 철학을 세우려고 하였다.

그의 철학의 중심에는 세상의 근원적인 원칙인 『권력을 향한 의지(*The Will to Power*)』, 즉 강해지려는 의지가 있었다. 그것은 권세를 얻고 지배하며 통제하려는 의지다. 니체는 『선과 악을 넘어서(*Beyond Good and Evil*)』에서 그 개념을 다음과 같이 요약하고 있다.

여기서 우리는 가장 기본적인 출발선상으로 돌아가서 깊이 생각해서 감상적인 나약함을 배척해야 한다. 삶 그 자체는 본질적으로 낯설고 더 약한 것을 자신의 것으로 만들고, 침해하고, 제압하는 것이며, 억압하는 것이고, 가혹하게 대하는 것이며, 자기 자신의 형식을 강요하는 것이고, 동화시키는 것이며, 다소 부드럽게 말하자면 착취하는 것이다. 설령 한 조직체의 내부에서 개인들이 서로를 동등하게 대하고 있다고 하더라도 그 조직체가 죽어가는 것이 아니라 살아 있는 것이라면, 그것은 내부의 개인들이 서로 삼가는 모든 행동들을 다른 조직체에게 행해야만 할 것이다. 그 조직체는 육화된 힘에의 의지가 되어야만 할 것이다. 이는 도덕 또는 비도덕과는 무관한 문제며, 단지 그 조직체가 살아 있기 때문에, 그리고 삶이 곧 힘에의 의지이기 때문이다.[3]

  '권력을 향한 의지'에 관한 니체의 생각이 깊이 뿌리 박혀 있는 사상은 바로 '불평등의 본질'이다. 니체의 관찰에 의하면, 세상의 모든 것들은 평등한 것이 아니라 불평등한 방향으로 나아가고 있다. 강한 것은 살아남고 약한 것은 멸종한다. 니체는 이것이 인간에게도 마찬가지로 적용된다고 믿었다. 권력을 향한 의지가 강한 이들은 평등을 외치는 약한 자들과 두려워하는 자들을 감소시켜야만 한다. 니체는 『차라투스트라는 이렇게 말했다(*Thus Spake Zarathustra*)』에서, "나는 평등을 가르치는 이들과 뒤섞이거나 혼돈되는 것을 원하지 않는다. 인간은 평등하지 않으며 평등하게 되지도 않을 것이다. 그렇게 되지 않으면 초인에 대한 나의 사랑은 없게 된다"고 말했다.[4]

  니체에게 '초인'이란 인간들 중에서 '뛰어난 사람(Superman)'을 말한다. 그는 권력을 향해 강한 의지를 지니며, 대중의 가난과 더러움에서 일어나는 사람이다. 그는 불평등의 가치를 인정하며 약자들을 위한 연민과 동정을 지지하는 문화를 반대하는 자다. 니체는 다음과 같이 부연하여 설명한다.

  나는 그대들에게 초인에 대해 가르쳐주고자 한다. 인간은 초월적인 존재다. 인간을 초월하기 위해서 그대는 무엇을 하였는가? 지금까지 모든 존재는 자기 자신을 넘어서는 것을 창조해왔다. 그런데

---

3) Friedrich Nietzsche, "Beyond Good and Evil", S. E. Frost, ed., *Masterworks of Philosophy* (Garden City, NY : Doubleday & Company, 1946), p.689.
4) Friedrich Nietzsche, "Thus Spoke Zarathustra", in Walter Kaufmann, ed. and trans., *The Portable Nietzsche* (NY : Penguin Books, 1976), p.213.

그대들은 이 거대한 조류의 썰물이 되어서 인간을 초월하기보다는 짐승으로 다시 돌아가기를 원하는가? 인간에게 원숭이는 어떤 존재인가? 웃음거리이거나 불쌍하고 거북스런 존재다. 초인에게 인간도 이와 같이 웃음거리이거나 불쌍하면서도 거북스런 존재다. 그대들은 벌레로부터 인간에 이르는 과정을 밟아왔다. 그리고 그대들의 내면의 대부분은 아직도 벌레다. 한때 그대들은 원숭이였다. 그리고 지금 역시 인간은 일종의 원숭이인 것이다.

* * *

보라, 나는 그대들에게 초인을 가르치노라. 초인은 대지의 의미다. 그대들은 초인이 대지의 의미가 될 것이라고 말하라. 나의 형제들아 그대들에게 바라나니, 대지에 충실하라. 그리고 그대들에게 저승의 희망에 대해서 말하는 자들을 믿지 말라! 그들이 그것을 알든 그렇지 않든 간에 그들은 독을 섞어 말하는 자들이다. 그들은 삶을 경멸하는 자들이며, 죽어 가는 자 또한 스스로 독살하는 자들이다. 이런 자들에게 대지는 권태를 느낀다. 그렇게 그들이 가도록 하라.[5]

생물학적 과학에 관한 자신의 지식으로부터 니체는 초인의 진화에 관련한 우생학적 중요성을 완전히 이해했다. 강한 자가 강한 자를 낳는 것과 같이 니체는 초인을 낳기 위한 인간의 송족 번식에서는 유전자의 선택이 중요함을 주장했다. 니체는 강한 자는 약한 자의 유혹과 동정에 이끌려선 안 된다고 생각했다.

이와 동시에 니체는 이 우월한 인간을 올바르게 발전시키기 위한 교육 제도의 중요성 또한 인정했다. 윌 듀란트가 설명하

---

5) Ibid., pp.124-125.

듯 니체는 초인들은 그들의 젊은 시기에 칭찬 없이도 완벽함을 이루어내도록 교육받아야 한다고 믿었다. 니체는 인간이 덜 편안해야 하며, 그 육체는 침묵 속에서 고통받는 법을 배워야 하며, 명령에 복종하는 의지를 배워야 한다고 했다. 또한 그는 어떠한 자유주의도 난센스가 아니며, 독립과 자유로 인해 육체적으로나 도덕적으로 나약해져서는 안 된다고 했다. 듀란트는 다음과 같이 부연하고 있다.

그렇게 나서 자란 인간은 선과 악을 초월하게 될 것이다. 그렇지 않을 경우, 그는 곧바로 악의 나락으로 빠져들게 될 것이다. 그는 착하기보다 두려움이 없어야 된다. 선은 무엇인가? (중략) 용감한 것은 선이다. 선이란 인간 속에 있는 힘 그 자체, 즉 권력으로의 의지, 권력의 감정을 증가시키는 모든 것이다. 한편, 악은 무엇인가? 약함으로부터 오는 모든 것이다. 만약 그러한 의도를 가지고 있다면, 아마도 초인을 알아볼 수 있는 뚜렷한 표식은 위험과 투쟁에 대한 사랑이 될 것이다. 먼저 그는 안전을 추구하지 않는다. 그는 최대한 많은 사람들에게 행복을 남겨놓는다. (중략) 힘, 지식 그리고 자존심이 초인을 만들어낸다. 하지만 이것들은 조화를 이루어야만 한다. 열정은 욕망의 혼돈으로부터 개성을 가진 힘으로 형성될 수 있는 더욱 큰 목적에 의해 선택되고 통일될 때 권력이 될 수 있다. 식물의 정원사가 아니라 토양의 사상가에게는 불행이 있으리라! 본능을 추구하는 사람은 과연 누구인가? 약한 사람, 그는 억제력이 부족하다. 그는 강하지 않기 때문에 아니라고 단정적으로 말할 수 없다. 그는 주변과 화합하지 못하고 퇴보하고 있다. 자신의 자아를 훈련시키는 것, 그것이 가장 중요하다. 대중 속의 한 사람이 되기를 원하지 않는 사람은 스스로에게 관대한 것을 멈추어야 한다. 자기 자신에게는 말할 것도 없이 타인에게 철저할 수 있는 하나의 의지를 가지는 것, 친구를 배반하는 것을 제외하고 거의 어떤 것도 할 수 있는 의지를 가지는 것, 이러한 것들은 초인이 갖추어야 할 가장 고귀한 자격이자 최종적인 신조다.[6]

니체는 "지금 외톨이인 그대여! 그대는 지금 뒤로 물러서고 있구나. 그대는 언젠가는 대중이 될 것이다. 그대 자신을 선택한 사람들 중에서 선택받은 대중이 등장하게 될 것이고, 그 선택받은 대중들 중에서 초인이 등장하게 될 것이다"라고 말했다.[7]

초인에 관한 이 같은 이해를 바탕으로 우리는 니체가 바라보는 리더십의 양자 관계를 쉽게 추측할 수 있는데, 그것은 바로 약자는 강자에게 예속되어야만 하고 인간의 평등함은 부자연스럽고 어리석다는 것이다. 니체는 『차라투스트라는 이렇게 말했다』에서 이와 같은 자연적 지배의 발전을 다음과 같이 설명한다.

니는 삶을 추구한다. 나는 가장 넓으면서도 가장 좁은 자연이라고 알고 있는 이 길을 걷는다. 백 개의 층을 가진 거울을 가지고, 나는 그 입이 닫혔을 때 여전히 그것을 응시하고 있었다. 그러자 그 눈이

---

6) Will Durant, *The Story of Philosophy* (NY : Time Inc. Books Division, 1962), pp.396-397.
7) Nietzsche, *Thus Spoke Zarathustra*, p.189.

나에게 말하려고 했다. 드디어 그 눈은 나에게 말했다.

하지만 내가 살아 있는 자를 발견한 곳에서 나는 복종에 대한 말을 역시 들었다. 살아 있는 무엇이든, 나는 거기에 복종한다. 그리고 두 번째로 들은 말은 스스로 복종하지 못하는 자는 지배를 받는다는 것이다. 그것이 살아 있는 자의 본성이다.

하지만 내가 들은 세 번째 말은 명령하는 것은 복종하는 것보다 더 어렵다는 것이었다. 왜냐하면 명령하는 자는 복종하는 자의 모든 짐을 질 뿐만 아니라 이 짐은 그 자신을 항상 억누르기 때문이다. (중략)

그러므로 나의 말을 들으라, 가장 현명한 그대여. 내가 인생의 심장부와 그 심장의 뿌리에서 기어다니고 있는지를 진지하게 시험하리라. 내가 생활하는 자를 발견한 곳, 거기에서 나는 권력에의 의지를 발견했다. 또 봉사하는 사람의 의지 속에서 나는 주인이 되려는 의지를 발견했다. 약자가 강자에게 봉사해야 하며, 약자가 더 약한 것에 대해서 주인이 되려고 하는 의지는 이러한 맥락에서 이해되어야 한다. 이것은 결코 포기할 수 없는 일종의 쾌락이다. 그리하여 작은 자는 가장 작은 자에 대해 쾌락과 권력을 가지는 것보다는 마치 더 위대한 자에게 복종하는 것처럼, 심지어 가장 위대한 자도 권력을 위해서 스스로 생명을 건다. 그것이 가장 위대한 자의 양보 행태다. 그것은 위험과 모험이며 죽음의 주사위를 던지는 것과 같다.[8]

니체가 이해하는 불평등에 대한 자연적 위계의 가장 낮은 곳에는 여성이 위치하고 있다. 이와 관련하여 니체는 『차라투스

---

8) Ibid., pp.226-227.

트라는 이렇게 말했다』에서, "자연적 위계는 여성스러우며, 노예 근성에 기인하고, 특히 대중적이다"라고 기술하고 있다.[9] 또한 니체는 "오 나의 형제들이여, 이 작은 존재(여성)는 초인에게 가장 큰 위험이다. 진정한 남자는 두 가지를 원하는데, 그것은 위험과 놀이다. 그러므로 남자는 여자를 아주 위험한 상난감 정도로 생각한다. 남자는 전쟁을 위해 교육받으며, 여자는 전사를 낳는 데 그 목적이 있다. 그 외의 것은 모두 어리석다"고 말한다.[10]

여성에 대한 니체의 가장 냉철한 비판은『선과 악을 넘어서』에서 나타나는데, 여자는 남자의 가장 부끄러운 존재며, 특히 남자들과 동등하려는 요구를 할 때 그러하다고 말한다.

여자는 독립하기를 원한다. 그래서 여자는 '있는 그대로의 여성'에 대해서 남자들에게 계몽시키려고 한다. 이것은 총체적으로 유럽 사회를 추하게 만드는 것 중에서 최악의 논의 중 하나다. 여성성에 대한 과학적 주장과 자기 노출과 같은 서툰 시도가 대체 무엇을 밝히려는 것인가. 여성은 수치심을 불러일으키는 너무 많은 원인을 가지고 있다. 여성들에게는 너무 많은 현학, 천박함, 학교 교사다움, 엉뚱한 추측, 구속에서 풀려나기, 그리고 무분별함이 숨겨져 있다. (중략)

남자와 여자의 근본적인 문제 속에는 잘못 간주되는 것, 가장 뿌리 깊은 반감과 영원히 적대적인 긴장감의 필요성을 부정하는 것, 동등한 권리와 교육 그리고 권리와 책임을 꿈꾸는 것 등이 있다. 그

---

9) Ibid., p.399.
10) Ibid., p.178.

것은 전형적으로 피상적인 정신이다. (중략) 반대로, 욕망뿐만 아니라 정신의 깊이를 가지고 있으며 엄하고 가혹한 것을 행할 수 있고, 쉽게 그들을 혼동하는 깊은 박애심을 가진 남자는 동양인들이 생각하는 것과 같이 여자를 생각할 수 있다. 남자는 여자를 소유물로, 제한된 자산으로, 봉사할 운명을 가지고 그 임무를 완성하는 존재로서 생각해야만 한다. 이 문제에 대한 남자의 입장은 그리스인들이 예전에 했던 것처럼 아시아의 훌륭한 순리성과 본능의 우위성에 근거해서 도출되어야만 한다. 아시아의 전통을 가장 잘 계승한 사람들과 학자들은 호머(Homer)로부터 페리클레스(Pericles) 시대까지 증가하는 남성 문화와 힘의 확대를 토대로 여자들에 대해서 점점 더 엄격해지게 되었다. 요컨대 더 동양적으로 변화했다. 이것이 얼마나 필요하고, 논리적이며, 인도적으로 바람직한 것이었는지 스스로 생각해 보자.

이전의 어떤 시대에서도 지금처럼 그렇게 많은 존경심을 가지고 남성이 여성을 대해온 적이 없었다. 이것은 민주주의의 영향이자 그것의 근본적인 특성이라고 할 수 있다. (중략) 여자는 남자를 두려워하는 것을 잊고 있다. 하지만 여자가 두려워하는 것을 잊고 있다는 것은 자신의 가장 여성다운 본능을 희생시키는 것이다. (중략) 여자가 새로운 권리를 충당해서 주인이 되려고 열망하면서, 그녀의 깃발 위에 여자의 진보를 각인하는 동안, 그 반대의 경향이 두려울 정도로 명백하게 현실화되어 간다. 즉, 여자는 퇴보되어 간다.[11]

니체는 불평등의 위계에서 가장 높은 곳에 권력을 향한 강한

---

11) Nietzsche, *Beyond Good and Evil*, pp.684-686.

의지를 가진 초인이 위치하고 있다고 말한다. 『우상의 황혼』에
서 자유에 대해 논할 때, 그는 인간의 궁극적인 위대함에 대해
다음과 같이 설명한다.

> 자유란 무엇인가? 자기 자신에 대해 책임을 지는 사람은 자유로운
> 사람이라고 할 수 있다. 즉, 그것은 우리를 구분하여 일정한 거리감
> 을 유지하고 있으며, 인간이 어려움, 고난, 결핍, 심지어 삶 자체에
> 대해서도 더 무관심해지게 하며, 스스로를 배제하지 않으면서 자신
> 의 목적을 위해 인간을 희생할 준비가 되어 있으며, 전쟁을 즐기는
> 남성적 본능과 승리가 다른 본능(예를 들어서, 쾌락의 본능)보다 우
> 위에 서 있다는 것을 의미한다. 자유로운 인간은, 그리고 자유롭게
> 된 많은 정신들은 상인, 기독교인, 주책없는 여자, 여성, 영국인 그리
> 고 다른 민주주의자들이 꿈꾸었던 복지라는 경멸스런 견본에 침을
> 뱉는다. 자유로운 남자는 전사다.12)

니체의 세계에서는 오직 강자만이 자유로울 수 있으며, 불평
등한 위계에서는 그러한 강자가 리드해야 한다. 리더십은 다른
사람들에 의해 주어진 권리가 아니며 홉스나 로크 또는 루소가
생각했던 사회 계약과는 아무런 상관이 없다. 니체는 초인에
대해, "그들 자신이 임명하거나, 즉 '부자' 또는 '소유한 자' 등과
같이 그 우월함이 가장 가시적으로 나타나는 표시에 의해 정해
진다"고 『도덕의 계보(*Genealogy of Morals*)』에서 말한다.13)

---

12) Nietzsche, *Twilight of the Idols*, p.542.
13) Nietzsche, *On the Genealogy of Morals*, trans. Walter Kaufmann and R.

진화의 역사를 통해서 우월한 자는 열등한 자들을 지배하고 착취해왔으며, 공포와 폭력을 이용하여 세계를 자신에게 유익하게 길들였다.

최초의 국가에 관한 연구에서, 니체는 "국가는 공포스러운 참주 정치로서, 공격적이고 동정 없는 기계와 같이 인간과 반(半)동물이라는 자원이 완전히 길들여져 유순하게 됨은 물론 또한 그렇게 형성될 때까지 작동했다"고 말했다. 이와 관련하여 니체는 다음과 같이 부연한다.

> 나는 국가(state)라는 단어를 사용했다. 그것이 의미하는 것은 명백하다. 육식을 하는 금발의 맹수, 즉 정복자와 주인 종족은 전쟁을 위해 조직되었고, 조직할 능력을 가지고 있으며, 주저함 없이 수적으로는 아주 우세하지만 아직 형성되어 있지도 않고 방황하는 민중에게 공포적인 발톱을 겨눈다. 그것이 결국 국가가 지구상에서 시작되었던 방법이다. 국가를 계약으로 시작한 감성주의는 폐기되어어야 한다. 명령할 수 있는 남자, 본질적으로 주인인 남자, 행동과 태도에서 폭력적인 남자, 그들이 과연 계약과 더불어 무엇을 해야만 하는가. 사람들은 그런 본성을 기대하지 않는다. 본성은 이유, 신중한 고려 혹은 핑계 등의 중간 과정 없이 운명과 함께 온다. 본성은 번개가 나타나는 것처럼 너무 무섭고, 갑작스럽고, 설득력 있고, 색다르게 증오할 수 없을 정도로 나타난다.[14]

J. Hollingdale (NY : Vintage Books, 1989), p.29.
14) Ibid., p.86.

우리가 권력을 향한 의지에 근거한 리더십을 고려할 때, 니체가 민주주의에 대해 무관심하다는 것을 알게 된다. 피지배자들의 동의에 의한 지배는 그저 평범함으로 인도할 뿐이다. 가지지 않은 자들은 지속적으로 가진 자들의 소유를 빼앗으려 할 것이고, 열등한 자는 우세한 자와의 평등을 요구할 것이나. 점차적으로 사회는 나락으로 빠져들게 될 것이다.

대신 니체는 『반그리스도』에서 말한 바와 같이, 개인의 권리는 각자의 능력에 따라 허락되는 일종의 '카스트 제도'를 제안하면서, "건강한 사회 내부에는 언제나 세 계급이 서로를 생리적으로 잡아당기면서 존재하는데 이 계급들은 각자의 위생, 생업의 종류 그리고 완성에 대한 고유의 생각을 가지고 있다"고 말한다.15)

니체가 생각하는 이러한 카스트 제도의 가장 높은 계급은 소수의 엘리트로서 다른 계급의 사람들이 파괴를 추구하는 절박한 위치에서 행복을 추구한다.

미로 속에서 자기 스스로와 타인들을 향한 고집과 실험 속에서 그들이 느끼는 기쁨은 자신 자신에 대한 정복에서부터 비롯된다. 금욕주의는 그들에게 본성, 필요 그리고 본능이 되었다. 어려운 임무는 그들에게 특권이다. 그들에게 타인을 짓밟는 것은 일종의 재창조다. 지식은 금욕주의의 한 형태며, 가장 존경할 만한 사람들이 구비하고 있다. 지식은 가장 쾌활하고 친절한 그들의 존재를 제한하지 못한다.

---

15) Nietzsche, _The Antichrist_, p.645.

그들은 원하기 때문이 아니라 그 자체로 존재하기 때문에 통치한다.
엘리트들은 결코 두 번째가 될 수 없다.[16]

카스트 제도의 두 번째 계급의 사람들은 육체적으로나 기질
적으로 탁월하게 강하다. 이에 대해 니체는 다음과 같이 설명
한다.

이 계급에는 법의 수호자, 질서와 안전을 맡은 자, 고귀한 전사
등이 있다. 첫 번째 자리는 무엇보다도 이들보다 더 높은 자리에 있
는 왕이 있다. 두 번째 가장 영적인 사람들 중에서 집행권을 갖고
있는 권력이다. 이는 가장 가까이에 있고, 스스로에게 속해 있으며,
그들의 부하, 그들의 심복 그리고 그들의 가장 훌륭한 제자들을 위해
통치하는 일을 하는 데 엄청난 기여를 한다.[17]

세 번째 계급은 영적으로나 육체적으로나 뛰어나지 않은 노
동자들, 사회의 단조로운 기계들로서 니체가 말하는 '평범함 속
에서 행복(happiness in mediocrity)'을 찾는 이들이다.

고급 문화는 피라미드 구조를 가지고 있다. 왜냐하면 고급 문화는
넓은 기초 문화 위에서 구축되었기 때문이다. 그것의 첫째 가정은
강하고 건전하게 결속된 평범함이다. 수공예, 무역, 농업, 학문, 예술
의 가장 중요한 부분, 요약하자면 전문적인 활동의 모든 진수는 단지

---

16) Ibid., pp.645-646.
17) Ibid., p.646.

능력과 야망 사이에서 평범하게 양립한다. 대부분의 사물들은 거의 예외 없이 적용된다. 여기서 요구되는 본능은 귀족 정치와 무정부주의 운동 모두를 반박하고 있다. 공적 유용성, 유동성, 기능성 그리고 이를 위해 인간은 본성에 의해 운명이 정해져야 한다. 그것은 사회가 아니고, 그들을 지적인 조직으로 만들며, 최대 다수가 할 수 있는 유일한 종류의 행복이다. 평범한 사람들을 위해서, 평범하게 되는 것이 그들의 행복이다. 어떤 것에 대한 정복 또는 전문화되는 것은 자연스런 하나의 본능이다.[18]

이러한 구조를 바라볼 때, 우리는 니체에게 이러한 카스트 제도가 불공평하지 않다는 것을 이해해야 한다. 그는 카스트 제도를 "첫 번째 계급의 자연스런 법칙이고 무작위적이며, 현대 사상이 어떠한 힘도 갖지 않는 자연법의 규정일 뿐이다"라고 말하면서, 다음과 같이 부연하고 있다.

반복되는 것, 그 속에는 어떠한 자의적인 것도 없으며, 부자연스러운 것도 없다. 다른 어떤 것이든 부자연스럽고, 이들은 본성의 파괴를 위해 고안되었다. 카스트 체제, 즉 계급 체제는 삶의 가장 고귀한 원칙을 명확하게 해준다. 계급을 세 가지로 구분하는 것은 사회의 보전을 더 높게 나아가 최상의 것으로 하기 위해 필요하다. 권리의 불평등은 특정의 권리가 존재하기 위한 첫 번째 조건이다.

* * *

나는 오늘날의 대중들 중에서 누구를 가장 증오하는가? 나는 사회

---

18) Ibid., pp.646-647.

주의적 천민(찬달라_chandala의 제자들), 즉 그들의 본능과 쾌락 그리고 조그마한 것에도 만족하지 못하는 사람들을 증오한다. 그들은 시기하고 복수할 것을 가르치고 있다. 잘못된 것의 근원에는 불평등한 권리가 아니라 평등한 권리가 존재한다.

악이란 무엇인가? 나는 이미 여기에 대해 말한 바 있다. 즉, 악이란 약함, 질투, 복수로부터 태생된 모든 것이다. 무정부주의자와 기독교인은 같은 기원을 가지고 있다.[19]

그러므로 니체의 철학에서 리더는 권력을 향한 강한 의지를 지닌 자들이 대중을 이끌어야 한다. 타인의 복종을 요구할 줄 아는 재능을 가진 귀족적인 소수의 엘리트가 이끌어야 한다는 것이다. 니체가 설명하고 있듯이, 그들은 자신들이 결정하거나 원해서 이끄는 것이 아니고 그들 자체의 고유한 성향 때문에 이끄는 것이다. 그들은 리드하기 위해 태어났으므로 리드하는 것이다. 리더십이 그들의 영혼 속에 존재하는 것이다.

분명히 니체가 이러한 '위인 이론(the Great Man Theory)'을 처음 주창한 철학자는 아니었다. 그러나 그가 말하는 '위대한 자(great man)'는 플라톤, 홉스 또는 헤겔 등이 주장하는 바와는 다르다. 니체가 말하는 리더들은 외부로 나타나는 우월한 어떤 힘들에 의해 리더가 되는 것이 아니다. 그들의 등장은 이상, 신권, 절대 정신의 자기 전개 또는 경제적 결정론과는 무관하다. 니체가 『우상의 황혼』에서 설명하듯이, 그러한 이론들은

---

19) Ibid., pp.645-647.

미친 자들의 것이다. 니체에게 위대한 자는 역사적이고 육체적인 조건에 따른 최종인 결과다. 그들의 리더십 역할은 그들이 살고 있는 시대와 무관하다.

위대한 인간은 필연적이며, 그들이 등장하는 시대는 우연적이다. 그들이 거의 항상 그들 시대에 지배자가 되는 것은 단지 그들이 더 강하기 때문이다. 그들이 더 나이가 많기 때문이며 더 오랜 시간 동안 그들을 위해 더 많은 정보를 모았기 때문이다. 천재와 동시대와의 관계성은 강자와 약자간 혹은 노인과 젊은이들 사이의 관계와 같다. 시대는 항상 더 젊고, 더 희박하고, 더 미숙하고, 덜 명확하며, 더 유치하다.

이와 같은 주장은 오늘날 프랑스에서는 아주 다르게 이해되고 있다. (중략) 정확히 신경학적 주변 환경 이론은 신성불가침이자 거의 과학적이 되었고, 심지어 생리학자들 사이에서도 여기에 대해 신봉자들을 발견할 수 있다. 그것은 역겨운 냄새를 풍기며 슬픈 감상을 불러일으킨다.[20]

우리가 리더십의 개념에 관한 니체의 철학을 들여다보면서 식별할 수 있는 것은 그의 많은 생각들이 우리가 이미 논의했던 철학자들과 극명하게 다르다는 점이다. 예컨대 그는 최초로 인간들을 각자로부터 따로 분리해냈다. 그가 최초로 인간의 존재를 하나로 만드는 보편적인 원리들을 방기하고, 또한 최초로

---

20) Nietzsche, *Twilight of the Idols*, pp.547-548.

권리와 책임이 아닌 힘과 지배를 바탕으로 자유와 정의를 논의했다. 니체에게 '권력'과 '권리'는 같은 의미를 내포한다.

그러나 그가 최초로 인간들 사이의 불평등을 인정했거나 여성의 역할을 종속적인 것으로 규정지었던 철학자는 아니었다. 비록 그가 자신의 철학을 세우기 위한 전제가 그 전시대의 철학자들과 사뭇 달랐다고 해도, 결국 그의 여러 결론들은 그가 깎아 내리려 했던 철학자들의 결론과 많은 유사함을 가지고 있다.

결국 자신들이 리드하기 위해 태어났다고 주장하는 리더들은 니체의 저서에서 그 근거를 찾을 수 있을 것이다. 마찬가지로 여성은 본질적으로 남성에 비해 열등하게 태어났다고 믿는 이들도 그 믿음에 대한 근거를 니체의 글에서 찾을 수 있다. 이러한 두 가지 생각은 공히 인간 본성 내부의 불평등함을 전제하는 니체의 사상을 그 근본으로 하고 있다.

그러나 유전적 진화에 대한 니체의 믿음은 플라톤이나 아리스토텔레스, 아우구스티누스, 아퀴나스 그리고 홉스나 헤겔이 인간의 불평등함을 제거하려 했던 시도와는 구별된다. 그들이 형이상학적 원칙들에 의거해서 자신들의 입장을 지지하려 했던 것과는 달리, 니체는 자신의 제안을 우생학적 전제에서 출발했다. 그는 다윈의 적자생존의 원칙을 믿었다. 인간은 '각자에게 부여된 누적된 시간들' 때문에 평등할 수 없다.

그러므로 우리는 그를 비판하는 많은 이들이 나치즘의 근본을 니체의 가르침과 직접 연결짓는 것을 이해할 수 있을 것이다. 확실히 그들의 주장에는 정당한 근거가 있다. '우월한 민족

(Master Race)', '의지의 승리(Triumph of the Will)', '초인' 등
과 같은 개념들이 니체의 가르침과 제3제국의 등장에서 공통적
으로 발견된다. 더 나아가서 19세기 후반의 정치 운동에서도
인종 차별, 인종 청소 등의 경우를 보더라도 니체 사상과의 공
통점을 발견할 수 있다.

그럼에도 불구하고 일부 좀더 동정적인 측면에서, 다른 이들
은 니체의 저서들이 위에서 서술한 개념들을 효과적으로 지지
하지 않는다고 주장한다. 이러한 생각들이 사실상 정치권에서
는 기이한 것이 아니다. 기업 세계에서도 이와 비슷한 영향들
이 발견된다. 그러므로 서양 문화에서는 훌륭하게 성장한 이들
이 종종 리더의 반열에 올라가는 것이 이상하게 생각되지 않
는다. 제프리 페퍼(Jeffery Pfeffer)가 『리더십의 모호함(*The
Ambiguity of Leadership*)』에서 설명하듯이, 리더십의 위치는
종종 세습된다. 결과적으로 많은 기업의 회의실에서는 주식의
지분이 개인의 능력을 좌지우지하기도 하며, 보이지 않는 차별
과 카스트 제도가 계급 상승의 구도를 결정하기도 한다. 누가
무엇을 할 수 있느냐의 문제는 종종 그가 누구인가에 의해 결
정지어진다. 경주마는 노새에게서 태어나지 않기 때문이다.

니체가 우리 조직에 미치는 영향에 관한 예는 그 외에도 많
다. 현대 경영에서 인간적인 대우는 약자를 위해서는 불필요한
노력이라는 관점을 가진 이들 또한 니체의 영향을 받았다. 그
들은 '먹고 먹히는 세상'이라는 표현을 쓴다. 경쟁의 무대에서
는 배려와 인정이 설자리가 없다. 약자는 강자에게 짐이 될 뿐

이며, 약자들은 우세한 소수가 가지는 이익에 대한 권리를 주장할 수 없다. 실제로 자본주의의 번영은 이러한 근본 위에서 이루어진 것이다. 강자만이 생존해야 하며, 약자는 사라져야 한다는 것이 니체의 가르침이며, 서양 문화의 기업 세계에서 통용되는 믿음이다.

이러한 믿음은 자신들의 우월함이 힘을 향한 의지로부터 기인한다고 믿는 리더들에게도 동일하게 적용된다. 권력을 향한 의지, 지배와 통제를 위한 의지 그리고 조직에서 우위를 차지하기 위한 의지 등이 바로 그 예들이다. 리더들은 자신들이 조직의 단순한 일부분이라고 생각하지 않는다. 고도의 절제된 사람들은 우리 사회에서 자신만을 위하며, 누구에게도 누구를 위해서도 책임을 지지 않는다. 그들은 연민이나 배려와는 거리가 멀다.

참고 문헌

Aquinas, Thomas, "Commentary on the Politics", in *Medieval Political Philosophy*, eds. R. Lerner and M. Mahdi, New York : The Free Press, 1963.

_____, *On Kingship*, trans. Gerald B. Phelan, Toronto : Pontifical Institute of Medieval Studies, 1949.

_____, "Summa Contra Gentiles", in *Basic Writings of Saint Thomas Aquinas*, ed. Anton C. Pegis, 2 Vols., New York : Random House, 1944.

_____, "Summa Theologica", in *Basic Writings of Saint Thomas Aquinas* ed. Anton C. Pegis, ed., 2 vols, New York : Random House, 1944.

Aristotle, "Politics", in Richard McKeon, ed., *The Works of Aristotle*, trans. Benjamin Jowett, New York : Random House, 1941.

Bass, Bernard M., *Bass & Stodgill's Handbook of Leadership*, 3rd ed., New York : The Free Press, 1990.

Bennis, Warren, *Why Leaders Can't Lead*, San Francisco, CA : Jossey-Bass Publishers, 1989.

Chesnoff, Richard Z., "The Prisoner Who Took the Castle", *U.S. News & World Report*, February 26, 1990.

Crocker, Lester G., *Rousseau's Social Contract, Cleveland*, OH : Case Western University Press, 1968.

Cropsey, Joseph, "Karl Marx", in Leo Strauss and Joseph Cropsey, eds., *History of Political Philosophy*, 3rd. ed., Chicago : University of Chicago Press, 1987.

Durant, Will, *The Story of Philosophy*, New York : Time Inc. Books Division, 1962.

Ebenstein, William and Alan O. Ebenstein, *Great Political Thinkers : Plato to the Present*, 5th ed., Fort Worth : Harcourt Brace College Publishers, 1991.

Engels, Friedrich, "Letters on Historical Materialism", in Robert C. Tucker, ed., *The Marx-Engels Reader*, 2nd. ed., New York : W. W. Norton & Company, 1978.

Fagothy, Austin, *Right and Reason*, St. Louis, MO : C. V. Mosby Company, 1955.

Fortin, Ernest L., "St. Augustine", in Leo Strauss and Joseph Cropsey, eds., *History of Political Philosophy*, 3rd. ed., Chicago : University of Chicago Press, 1987.

Frost Jr., S. E., *Basic Teachings of the Great Philosophers*, New York : Doubleday Anchor Books, 1962.

_____, ed., *Masterworks of Philosophy*, Garden City, NY : Doubleday & Company, 1946.

Goldwin, Robert A., "John Locke", in Leo Strauss and Joseph Cropsey, eds., *History of Political Philosophy*, 3rd. ed., Chicago : University of Chicago Press, 1987.

Hegel, Georg W. F., "Philosophy of Law", in William Ebenstein and Alan O. Ebenstein, eds., *Great Political Thinkers : Plato to the Present*, 5th ed., Fort Worth : Harcourt Brace College Publishers, 1991.

_____, *The Philosophy of History*, trans. J. Sibree, as reprinted in Great Books of the Western Mind, vol. 46, Chicago : Encyclopedia Britannica, Inc., 1952.

_____, *The Philosophy of Right*, trans. T. M. Knox, as reprinted in Great Books of the Western Mind, vol. 46, Chicago : Encyclopedia Britannica, Inc., 1952.

Hobbes, Thomas, *Leviathan*, New York : Collier Books, Macmillan Publishing Company, 1962.

Hook, Sidney, *Marx and the Marxists*, Princeton, NJ : D. Van Nostrand Company, Inc., 1955.

Jefferson, Thomas, *Thomas Jefferson : Writings*, New York : The Library of America, 1984.

Kaufmann, Walter ed. and trans., *The Portable Nietzsche*, New York : Penguin Books, 1976.

Kirkpatrick, Shelly A. and Edwin A. Locke, "Leadership : Do Traits Matter?" *Academy of Management Executive*, 5, 1991.

Locke, John, *Two Treatises of Civil Government*, London : J. M. Dent & Sons, Ltd., 1943.

Marx, Karl, "Critique of the Gotha Program", in Robert C. Tucker, ed., *The Marx-Engels Reader*, 2nd. ed., New York : W. W. Norton & Company, 1978.

_____, "Economic and Philosophical Manuscripts", in Robert C. Tucker, ed., *The Marx-Engels Reader*, 2nd. ed., New York : W. W. Norton & Company, 1978.

_____, "On the Jewish Question", in Robert C. Tucker, ed., *The Marx-Engels Reader*, 2nd. ed., New York : W. W. Norton & Company, 1978.

_____, "The German Ideology", in Robert C. Tucker, ed., *The Marx-Engels Reader*, 2nd. ed., New York : W. W. Norton & Company, 1978.

Nietzsche, Friedrich, "Beyond Good and Evil", S. E. Frost, ed., *Masterworks of Philosophy*, Garden City, NY : Doubleday & Company, 1946.

_____, "The Antichrist", in Walter Kaufmann, ed. and trans., *The Portable Nietzsche*, New York : Penguin Books, 1976.

_____, "Thus Spoke Zarathustra", in Walter Kaufmann, ed. and trans., *The Portable Nietzsche*, New York : Penguin Books, 1976.

_____, "Twilight of the Idols", in Walter Kaufmann, ed. and trans., *The Portable Nietzsche*, New York : Penguin Books, 1976.

_____, *On the Genealogy of Morals*, trans. Walter Kaufmann and R. J. Holligndale, New York : Vintage Books, 1989.

Rousseau, Jean-Jacques, *The Social Contract*, New York : Hafner Publishing Company, 1947.

St. Augustine, *City of God*, trans. Marcus Dods, New York : The Modern Library, 1950.

Tarnas, Richard, *The Passion of the Western Mind*, New York :

Ballantine Books, 1991.

Walicki, Andrzej, "The Marxian Conception of Freedom", in Zbigniew Pelczynski and John Gray, eds., *Conception of Liberty in Political Philosophy*, New York : St. Martin's Press, 1984.

찾아보기

□ 옮긴이 / 제정관(諸廷官)

육군사관학교(전사)를 졸업하고 미국 지휘참모대(리더십)와 국방대학원 안보 과정(군사
전략)을 마치고 연세대 대학원(외교 안보)과 경남대 대학원(국제정치학)에서 석사·박사
학위를 받았으며, 청와대 국제 안보 담당 비서, 한미연합사령부 기획참모부 기획과장 겸
부처장, 육군 보병 제39사단 작전부사단장 및 7군단 작전참모, 국방정신교육원 정신교육처
장·연구실장, 미국 해군대학원 교환 교수 등을 지내고 지금은 국방대 안전보장대학원 교수
겸 국방리더십개발원 원장으로 있다. 주요 논문으로는 「리더십 이론과 실제적 적용 : 고급
리더십을 중심으로」(2001), 「남북한 군사 통합·통일 한국군 건설 및 쟁점들」(2002), "A
Ti-yong Theory-Based Approach to the Control System of DPR Korea Leader Kim Jong Il"(2002),
「한국 전통 사상과 노블레스 오블리주」(2003), 「한국군 리더십의 철학적 기초」(2004) 등이
있으며, 주요 저서로는 『국방 정책의 이론과 실제』(공저, 2004), 『공직자를 위한 리더십
바이블』(2006) 등이 있고, 역서로는 『명장 팻튼』(1979), 『한미 관계의 새 지평』(공역, 2003),
『주역과 전쟁 윤리』(공역, 2004) 등이 있다.

리더십의 철학

초판 1쇄 인쇄 / 2006년 3월 15일
초판 1쇄 발행 / 2006년 3월 20일

■

지은이 / 데이비드 코돈
옮긴이 / 제 정 관
펴낸이 / 전 춘 호
펴낸곳 / 철학과현실사
서울특별시 서초구 양재동 338의 10호
전화 579—5908~9

■

등록일자 / 1987년 12월 15일(등록번호 : 제1—583호)

■

ISBN 89-7775-572-7 03100
*잘못된 책은 바꾸어 드립니다.
*옮긴이와의 협의에 의해 인지는 생략합니다.

값 10,000원